文史哲學集成

康來新著

從滑稽到梨香院：伶人文學析論

文史哲出版社印行

從滑稽到梨香院：伶人文學析論 / 康來新
著. -- 初版. --臺北市：文史哲, 民 97.08
印刷
頁； 公分.（文史哲學集成；39）
參考書目：頁
ISBN 978-957-547-246-7 (平裝)

1.中國戲劇–伶人文學–評論
980.1

文史哲學集成 39

從滑稽到梨香院：伶人文學析論

著 者：康 來 新
出 版 者：文 史 哲 出 版 社
http://www.lapen.com.tw
e-mail:lapen@ms74.hinet.net
登記證字號：行政院新聞局版臺業字五三三七號
發 行 人：彭 正 雄
發 行 所：文 史 哲 出 版 社
印 刷 者：文 史 哲 出 版 社
臺北市羅斯福路一段七十二巷四號
郵政劃撥帳號：一六一八〇一七五
電話886-2-23511028・傳真886-2-23965656

實價新臺幣二六〇元

中華民國六十九年（1980）四月初版
中華民國九十七年（2008）七月 BOD 再刷

ISBN 978-957-547-246-7

從滑稽到梨香院

——伶人文學析論

目　次

引用及參考書目一覽……一六五

第一章　荒蕪的梨園

──伶人文學初探

一、嗜戲薄伶的民族

清明沿河展開，傳遞百般的生活風情。其中，畫面之一是濱水的劇場，那毋寧是我們十分熟稔的風景，親切得一如尋常所見的野台戲。自地平面上升起四四方方的一座平台，從上天方向帳蓬覆蓋下來，而戲迷們就一逕繞著左、右、前三方圍觀起來。在色素，光影、線條的靜默裡，大宋的世界悠悠醒轉。河水流經溫熱的大地，那鼻息似是天長地久般的恒常，而戲場裡所醞釀出那份欣然就往，陶然忘我的醉意，又何嘗因著漫漫歲月的流逝而稍稍消失呢？就在清明上河的圖繪①裡，我們再度肯定了戲劇生命的縣長，廣袤與強韌。似乎，那不僅止於大宋，也不僅止於華北，那是久遠以迄現今，是黃河乃至嘉南，是無數中國人所深深懷抱的一種共有的喜悅。這喜悅幾乎已成爲整個民族的紋身，在我們行焉不著，習焉不察的渾然裡，難免於疏忽或忘却。然而祇要一番靜氣平心的自我審視，遂恍然於這眞情的確鑿。難道不是這樣嘛？試看幾樁最爲具體的事實吧：

其一，戲劇作品的浩繁。不論從存目或實際流傳下來的劇作來看，都可以略窺其旺盛之一斑，舉例來說吧：單就「雜劇」而言，元鍾嗣成編錄鬼簿所著錄的元人雜劇，上卷三百四十八種，下卷一百零四種；明朱權作太和正音譜，卷首錄元人雜劇有作者姓名者四百四十五，無作者姓名者一百十；近數十年來，錄鬼簿初稿、續錄鬼簿、永樂大典目錄、百川書志、寶文堂書目及元刻古今雜劇等書紛紛出世，如是，我們所知元人雜劇的數目遂增至七百三十三種。在這七百多種之中，根據近人王國維氏曲錄統計實存一百一十六種；近人吳梅村氏元劇研究，則以爲有一百一十九種；日本青木正兒的元人雜劇序說又有一百三十二種的看法；而今人隋樹森氏元曲選外編蒐有六十二種，則除明臧晉叔元曲選百種而外，現存了一百六十二種，這祇是元代的雜劇罷了！再看看明清兩代吧；今人曾永義氏②根據明祁彪佳「遠山堂劇品」以及今人傅惜華氏「明代雜劇全目」，一共整理出四百二十九種，其中散佚者一百三十六種，現存者二百九十三種。至於清朝的雜劇呢？民國以來，文基氏（鄭西諦）③在其刊行清雜劇初集自序中謂蒐得二百數十種，曾永義氏謂其所見現存清雜劇計有五百七十六種④。當然，在戲劇史的發展中，雜劇祇是衆多戲種中的一種罷了，如果將漢魏六朝的百戲，隋唐的歌舞戲，宋雜劇，金院本，明傳奇，清皮黃再加以統計，那麼數量的驚人更不在話下。目前中央研究院史語所更蒐藏了曲、梆子、落子、影詞、川戲、漢戲、楚戲、滇戲、淮戲、越戲、豫劇、徽戲、贛劇、粵劇、西安戲曲、平劇等七百種；以及乾隆時刻印大鼓及戲曲唱本爲專業的「百本堂張」所印的崑曲及京戲劇本千餘種⑤。凡此種種，在在說明戲劇的繁花碩果如何遍開的實情。

其二，近年來，經由田野考古調查而陸續發現的各種舞台，如舞亭、舞樓、露台等等。劇作撰述的浩瀚說明了戲劇活動中屬於書案部份的頻繁，而舞台劇場的斷壁殘垣，尤其爲我們鮮活鈎勒出演藝與觀賞的整體參與。這些遺跡大致是圍繞著山西省洪洞、臨汾、萬泉一帶，而僅僅是這個地區就有十五種之多了。根據碑記所銘年代，則上自宋天禧四年（一〇二〇），而金而元有正十四年（一三五四），雖然多數毀於烽火，然而在戲劇發展的回顧上還是具有無限深長的意義，像民國四十八年元月十二日山西省侯馬市郊發掘兩座金衞紹王大安二年（一二一〇）的墓葬，據墓中地契，得悉墓主爲董玘堅、董明兩兄弟，在完好無損的玘堅墓的北壁上端，恰有一座磚砌舞台模型，長寬深的尺寸約略各爲八十、六十、二十公分，其上並有泥塑彩繪陶俑五個，正做著搬演的姿態呢！將劉念茲氏所做的調查—「中國戲曲舞台藝術在十三世紀初葉已經形成」—「金代侯馬董墓舞台調查報告」⑥，與馮沅君氏⑦根據紙上資料—如宋之夢華錄、武林舊事、都城紀事，元之青樓集、元曲選、莊家不識勾欄院等，所寫「勾欄」考兩相對照，在在證明了宋金元之間戲劇血緣的密切，以及彼時已有永久性舞台的建築了。除此之外，山西芮城永樂宮舊址，亦有元初宋德方墓石槨前壁的舞台雕刻一座。而山西洪洞縣廣勝寺明應王殿東壁亦有完整的戲劇壁畫。不論是碑記⑧，是殉葬，是壁畫，豈不都在指陳戲劇息息與生活攸關的事實嘛？

其三，源於戲曲專有卻通行於生活用語的諸般詞彙。且讓我們隨意擷取吧！譬如以「行頭」稱所攜衣物；以「冷場」「捧場」「叫好」「叫座」等形容所受好惡的待遇；以「上台」「下台」「坍台」「收場」等說明任卸職的種種狀況；以「主角」「陪角」「台柱」「客串」「玩票」「跑龍套」「粉墨登場」等表明參與的多少；又以「逢場作戲」「一板一眼」「自吹自擂」「自拉自唱」等等而示處世的態度。凡此種種，均可看出「遊戲人間」「戲劇生活」，換言之，也就是「生命等於戲劇，人等於脚色」，已是怎樣普遍的觀念。這不僅見於舞台上的對聯，像是「人生如戲劇，或君臣，或父子，或夫婦，或朋友，仔細看來，無非生丑淨旦。戲劇似人生，有貴賤，有榮辱，有喜怒，有哀樂，曲折演出，不外離合悲歡」；或是「人生無非生丑淨旦，情緒不外離合悲歡」⑨等等；這樣的觀念也屢屢出現於文人的作品之中；譬如：唐杜牧西江懷古「魏帝縫囊眞戲劇」，宋蘇軾送小本禪師赴法雪寺「山林等憂患，軒冕亦戲劇」，宋倪君奭夜行船「少年疏狂今已老，筵席散雜劇打了」（宋陳世宗隨隱漫錄卷三引），宋朱敦儒念奴嬌「雜劇打了，戲衫脫與獃的」也難怪，透過第三隻眼，來看我們民族的特性，遂產生「……中國是一個富於戲劇本能的民族。戲劇可以說是中國獨一無二的娛樂，戲劇之於中國人，猶如運動之於英國人，或鬥牛之於西班牙人。……總之，在中國人看來，人生無異就是戲劇，世界無異就是劇場」⑩的認識了。原來所謂「人生如戲」或「戲如人生」的譬喻，在中國並非向壁虛構，無中生有，它畢竟根生於極其眞實的生活歲月呢！

二、活躍於文學裏的平民

然而可堪訝異的是一種極其矛盾的現象，戲劇雖然普及且深入於眞實生活的洪流之中，但是「傳播發揚戲曲文學最有力」「主宰戲曲技術發展」⑪的演員，也就是伶人本身，卻始終是「澗戶寂無人，紛紛開且落」，兀自在舞台吐艷，卻又兀自在幕後凋零，既然不曾在現實社會贏得一份應有的尊重，也不曾在歷史上獲取一席獨立的地位，而且更令人惋歎的是伶人竟然未嘗邀寵於文人的筆陣，而蔚爲繁茂的伶人文學，髣髴所有舞台上的歡天喜地、驚天動地，都祇是轉眼成空的虛妄罷了，這樣的待遇毋寧是極不公平的。當然我們可以藉口伶人社會地位的低落來解釋他們無人問津的情形，這在正史上或者可以說得通，但同理卻無法證之於文學作品，因爲藝術原可以無睹於現實尊卑的計較；是以芻蕘之微、盜賊之卑、乞丐之貧，煙粉之賤，卻依然生龍活虎、叱咤傲嘯於文學的廣天濶地。在中國文學的國度裡，固然穿梭著帝王將相、聖哲睿智、京城才子，名都少年、相府小姐、侯門千金；但何嘗沒有庶民百姓，甚至卑微貧賤者往來的踪跡呢？生活儘管磨難，現實不免無情，富貴容或無緣，但又何妨？也許正因爲他們不容廟堂，寂寞青史，卻反而能頂天立地於藝術馳想的沃野；於是我們看見寫實文學中孳長出來一片青葱的平民傳統，於是我們在千載之下，還能稍稍掌握芸芸衆生的精神風貌。

當我們檢視這一片青葱，便不能不承認卽令是文學的廣天濶地，其實也存著若干差別的待遇，不過想想烝烝生民、芸芸衆生，也的確需要文學工作者一番抉擇與選樣，若以非知識份子的圈子來看，那麼農家，商賈與綠林無疑是特別得到筆耕者所眷顧的一群。

⑴農家

農耕稼穡成為文學習用的素材，這幾乎是想當然爾的實情，因為那原是民族文明的發軔，也是廣大生民所以依賴的生命動脈。在水之濱，在山之崖，縱橫的阡陌、綿延的田莊早已是我們文化上的特有景觀。因之自詩經以降，歌詩中就充滿了農家的艱辛與喜樂，嗟歎與歡笑，他們的苦樂或來自於自然天候的變化，風調雨順，旱澇虫病，無不影響年成收穫；也或者來自於人為的因素，田戶租收，征戰勞役，較之前者，更可顯出現世層面的意義。我們綜覽文學裡農民的世界，便無可抗拒其中的豐盈與多姿，幾乎從田園風景的皮相，社會制度的機牽，乃至腸骨情懷的刻劃，這三種層次的作品都各自爍耀並彼此輝映，譬如宋范成大的田園雜興三首：

柳花深巷午雞聲，桑葉尖新綠未成。坐睡覺來無一事，滿窗晴日看蠶生。

蝴蝶雙雙入菜花，日長無客到田家。雞飛過籬犬竇竇，知有行商來賣茶。

梅子金黃杏子肥，麥花雪白菜花稀。日長籬落無人過，惟有蜻蜓蛺蝶飛。

范成大的田園是一片文人旁觀的情趣，有著午后睡來的閒適與慵懶，有著季節轉換的亮麗色彩，桑蠶蠕動著，蝴蝶翩飛著，靜靜的日午，詩人獨自沈吟。這樣的世界，單純而和諧，平靜而優美，置於農民的文學作品中自有其剔透清麗的美好，該是屬於「句秀」層次的表面描摹。而唐戴叔倫的屯田詞則以社會的關懷為出發，分擔了農民的哀傷，也控訴了制度的無情：

春來耕田遍沙磧，老稚欣欣種禾麥。麥苗漸長天苦晴，土乾确确鉏不得。新禾未熟飛蝗至，青苗食盡餘苦莖。捕蝗蹄來守空屋，囊無寸帛瓶無粟。十月移屯來向城，官教去伐南山木。驅牛駕車入山去，霜重草枯牛凍死。艱辛歷盡誰得知？望斷南天淚如雨。

與前面范成大的田園雜興相較，戴叔倫的屯田毋寧是苦澀與艱辛的組合，是另一種全然不同的景觀，失卻了玩味田園的閒適，就祇賸一片對官方屯田制度的憤怒，以及對農民的悲情，這該是詩人藉農民表現「憂世」的關懷，不妨將其納入社會寫實的群類中。像上面所舉的兩類作品實實代表著兩種不同的寫作出發，兩者各自具有不同的意義，也擁有爲數甚多的作者，關於前者，大約盛唐以來的田園詩人多半屬此，他們並非眞正甘犯霜露之苦的耕者，不過是暫時隱逸山林，而心猶存於廟堂；像孟浩然，儲光羲、劉長卿、韋應物等人。關於後者，自杜甫以降，因其所開社會寫實的新途徑，於是詩人便孜孜經營這方面的題材，譬如王建的水夫謠，田家行，張籍山農詞，山頭鹿，元稹田家詞，白居易杜陵叟，李紳的憫農詩。這兩派詩作對農家的苦樂不免各有偏執，以致無法突破某些盲點，如果我們要推舉一位眞誠而平允的作者，那麼陶淵明該是第一人選，在「有風自南，翼彼新苗」（時運）的簡淨中，我們覺察出一份欣欣生意，那是耕者對整個生命現象充分體認後的喜悅。而他的歸園田居：

種豆南山下，草盛豆苗稀。晨興理荒穢，帶月荷鋤歸。道狹草木長，夕露沾我衣。衣沾不足惜，但使願無違。

這豈僅止於耕稼的艱辛？那是生而爲人，不畏霜露，但求不曾落空的一份深摯心願呢！從田園出發，陶淵明的關懷已擴充爲整體的人生，從憂世到憂生，那份襟懷，那份包容，直指本心，卻又擴及宇宙。田園耕稼的文學中也因陶詩，而呈現「木欣欣以向榮，泉涓涓而始流」的盎然生機呢！

⑵商賈

有關農耕的寫作多見於歌詩之中，而有關商賈的作品卻多見於小說戲曲之中。其實在唐詩之中，我們已約略鉤勒出商賈形象，如李益江南曲之中「嫁得瞿唐賈，朝朝誤妾期。早知潮有信，嫁與弄潮兒」。又如白居易「琵琶行」之中「老大嫁作商人婦，商人重利輕別離，前月浮梁買茶去，去來江口守空船」。詩中所怨不外因商人忙於事業，以致聚少離多。到了宋以后，因爲工商經濟的繁榮，於是屬於民俗大衆的文學作品之中，也開始反應商業世界的種種景象，信手拈來就有：蔣興哥重會珍珠衫中來往湖廣經商的蔣興哥，賣油郎獨佔花魁裡的小本營生秦重，甚至還有像「轉運漢巧遇洞庭紅，波斯胡指破鼉龍殼」的國際貿易商文若虛。其中蔣興哥因爲事業奔忙，以致妻子外遇，這種事業與愛情衝突所形成的家庭問題，在小說中有著極曲折與婉妙的處理，蔣興哥毋寧是深情、理性與憤怒的混合，具有正面的形象，較之唐人傳奇中的士子文人更爲果決有力。秦重雖是小小賣油郎，卻以無限的毅力，至誠的情意，不僅贏得花魁娘子，尋回失散的父親，更擴充營生，成爲殷商；則秦重不單純履踐職業道德而已，他一往情深，義無反顧的孜孜矻矻，幾近於宗教的情懷了。至於文若虛的經歷則充滿異國的風味與幾分傳奇色彩，從倒運至轉運，這過程乃是「一飲一啄，莫非前定」宿命信念的證實，他們三人在文學中無疑是被肯定被嘉許的一群。但商人也有諸般變貌，當與文人共同介入愛情的爭奪時，他們顯然就處於被貶抑的地位，往往和唯利是圖的鴇母是一丘之貉，企圖以銀彈攻勢，瓦解妓女心靈的堅兵利甲，當然有情人終成眷屬，大致在一番苦戰之后，文人還是獲取芳心、成爲凱旋的勝利者。這種故事的原型初見於張祿詞林摘豔中所引王實甫「蘇小卿月下販茶船」的一折。就是妓女蘇小卿與書生雙漸，茶商馮魁三人間的愛情糾葛，而后馬致遠的「江州司馬青衫淚」中出現了浮梁茶客劉一郎；武漢臣「李素蘭風月玉壺春」則是羊羢潞紬的山西客商甚舍；無名氏「逞風流王煥百花亭」的軍需買賣高常彬，賈仲名「荊楚臣重對玉梳記」的棉商柳茂英，這些商賈毋寧是扮演著「面目可憎，語言無時」的角色，不僅可憎無味，其且戕賊愛情、奪人所好，既醜陋又可笑。也許因爲元代戲曲的作者在現實環境中備受歧視，又無法消受越來越高漲的商人氣燄，於是只有在文學創作中與士子認同，藉筆墨消遣商賈，聊以彌補心中憾恨於萬一⑫，但不論是正面的肯定，或是負面的貶抑，商人在文學作品中頻繁出現都是不可否認的事實呢！

(3)綠林

農商綠林兩種職業團體的箇中甘苦已屢見於文學作品之中，不論是褒貶揚毀，他們畢竟是良民，可以被接納於一般的價值觀念中，但是文人對於不法之徒的綠林豪俠，似乎也別具好感呢！根據吳自牧夢粱錄（二十）所載：「且『小說』名『銀字兒』，如煙粉靈怪傳奇公案扑刀扞棒發跡變態之事…………」；灌園耐得翁都城紀勝分小說爲三類「一者銀字兒，如煙粉靈怪傳奇；說公案，皆是搏拳提刀趕棒及發跡變態之事；說鐵騎兒，謂士馬金鼓之事」；其中「扑刀扞棒」、「士馬金鼓」的「力」、

「亂」故事似乎早已深獲民衆好感，所以說書人才一再重覆這類的題材。本來英雄的事蹟多與歷史演義密切粘合，在這種背景下，英雄依然是爲帝王而生，像三國演義，像隋唐演義，像精忠傳，萬花樓。然而水滸在基本上却是官逼民反的產物，梁山的好漢並不容於法治，雖然他們不過打家刼舍的亡命之徒，卻因著種種豪邁，眞情，慷慨，義憤的流露，而生出一種近乎英雄的光輝，尤其在一個失卻公義的年代，梁山竟也搖曳一種理想王國的色彩，在那見寬屈可以伸張，不平可以補償。也是經由這一部作品，草莽好漢，綠林豪俠的形象才更爲鮮活生動地「呼之欲出」，像魯智深，像林沖，像武松，像李逵，像宋江。也因爲水滸，這些人物便陸續地進入中國文學之中，譬如種種水滸的續書，明末陳忱的水滸後傳，清初俞萬春的蕩寇志。後傳作於亡國之后，那些英雄意氣如雲，肝腸如雪，秉志忠貞，不甘阿附，作者之意實在懷古感舊，是傷心人所造傷心之境。蕩寇誌作於太平天國卽將起義之時，作者痛惡「替天行道」的草莽流寇，故而又創造許多雷部人物，專來剿除梁山好漢，一百零八條好漢白骨委地，碧血染塵，一片肅殺怖厲，以這種趕盡殺絕的方式來對待草野豪傑，無疑是口誅筆伐的貶抑。但大多數的時候，這些闖蕩江湖，仗劍行游之士多是以正面的姿態出現於文學作品之中。譬如盛行有清一代的俠義公案小說，雖然髣髴取材歷史，卻羼入大量想像杜撰的平民角色。像三俠五義，包拯以忠誠之行，感召俠客——三俠的南俠展昭，北俠歐陽春，雙俠丁兆蘭、丁兆蕙，以及五鼠鑽天鼠盧方，徹地鼠韓彰，穿山鼠徐慶，翻江鼠蔣平，錦毛鼠白玉堂，率爲盜俠，縱橫江湖間，或偶入京師，戲盜御物，但最後畢竟投誠受職，協誅強暴，自三俠五義后又陸續有小五義，續小五義，在這兩部書中，當年的義俠已是老成凋謝，新生的一代如盧方之子珍，韓彰之子天錦，徐慶之子良，白玉堂之姪芸生，都意外湊聚，益以小俠艾虎，遂結爲兄弟，奔走道路，頗誅豪強，周樹人氏中國小說史略謂「三俠五義爲市井細民寫心，乃似較有水滸餘韻，然亦僅其外貌，而非精神。時去明亡已久遠，說書之地又爲北京，其先又屢平內亂，游民輒以從軍得功名，歸耀其鄉里，亦甚動野人歆羨，故凡俠義小說中之英雄，在民間每極粗豪，大有綠林結習，而終必爲一大僚隸卒，供使令奔走以爲寵榮，此蓋非心悅誠服，樂爲臣僕之時不辨也。」⑬如此看來，水滸裡所塑造的草野豪傑至此已然墮落腐化了，這自然是筆耕者所不能咎其責的；但從另一方面來看，未始不表示這類人物畢竟是備受矚目的。

⑷百工諸匠

除了農商俠之外，百工諸匠也屢屢出現於話本小說之中。像「碾玉觀音」中的玉匠崔寧；「汪信之一死救全家」中從冶戶鐵匠起家的汪信之；「張廷秀逃生救父」中的木匠張權、張廷秀、張文秀父子；「一文錢小隙造奇寃」中燒造磁器的邱乙大夫婦；「沈小官一鳥害七命」中的織戶沈昱。透過這些人物，便浮繪出中世紀社會的千情百態，他們浮沈於一個物質的世界之中，有著欲念上的軟弱，俗情方面的貪婪，像螻蟻一般，營營擾擾，雖不免於卑微，卻是極眞實的血肉之軀，祇是在話本的世界中，湛湛青天竟也極其罕見，命運如一只黑鍋，低低扣將下來，而這些小小人物往往在時空的偶然中不自覺走向了死亡。生命是荒謬不可解的，人無法對自己負責，甚至所有的努力、掙扎、祇有更加速走向毀滅，在這樣宿命的觀念裡，個人的德性，操守、愛惡、才智、血緣、職業與命運似乎毫無瓜葛，但細細追究，又好像無一不與之息息相關，以致牽一髮而能動全局，每一步履的跨出都可能導向錯誤。如此說來，這毋寧是一個悲哀的世界，而百工諸匠祇是悲哀人生的抽樣而已，雖是抽樣，也顯示出文學工作者並沒有忽略他們，因爲「命運」並非知識份子所專有，它巨大的陰影，惘惘地威脅各種生靈，各樣辛勤勞苦憂傷到頭來可能祇是一聲歎息，一份落空，一份徒然而已。

(5)軍旅征夫

另外一類和綠林相似的人物該是軍旅征夫。他們自然是文學作品裡常見的角色，歷史演義中的猛將奇兵就不用贅言了，他們絕世的武藝，長虹的士氣，薄於雲天的忠義，碧血澆出忠愛的花朵，早已自文學晉陞宗教，深受百姓的頂禮膜拜，像三國演義的關羽，說岳精忠傳的岳飛等等。他們的形象是超乎現實的尺寸，巨大而威嚴，幾乎是無瑕而近於神靈了。而在歌詩之中，卻出現另一種軍旅的人物，他們卑微平凡，祇不過渴望在承平的歲月裡與家人廝守，像詩經、像唐詩，像詞，像曲之中，不是征夫怨婦非戰的心聲嗎？「采薇采薇，薇亦作止。曰歸曰歸，歲亦莫止。靡室靡家，玁狁之故。……昔我往矣，楊柳依依。今我來思，雨雪霏霏。行道遲遲，載渴載飢。我心傷悲，莫知我哀。」（小雅采薇）。其次在小說戲曲也甚至穿插一些不見經傳小小兵職的角色。像碾玉觀音裡那位饒舌而魯直的郭排軍，范鰍兒雙鏡重圓裡熟諳水性的職業軍人范承信；宋四公大鬧禁魂張的退役老兵宋四公。或者是由正史敷演而成的武人，如吳保安棄家贖友的一對志誠軍官郭仲翔與吳保安；史弘肇龍虎君臣令的憨漢子史弘肇。這些人物無疑具有武人的氣質，披肝瀝胆而豁露天眞，但也經常顯得粗疏魯直，這樣的性格描摹毋寧是相當忠於事實的。

三、重娼輕優的文學現象

綜覽上述，農、工、兵、商幾遍於我們民族的文學之中，但是有關伶人，這種職業的演藝人員卻是稀有罕見的客人，當然我們可以說伶人是賤民，較之衆庶百姓尤有不堪者，倡優豈不素來並稱嘛！的確，青樓與梨園一向毗鄰而居（甚至還互通門戶呢！），但前者何嘗被冷落？不僅不被冷落，我們幾乎可以說：青樓是文學國度的寵兒呢！因爲不論是文人趣味的傳奇筆記，或是市井風情的話本雜劇，煙粉的歡情苦痛始終是最爲熱門的題材。李娃（唐傳奇李娃傳），霍小玉（唐傳奇霍小玉傳），花魁娘子（醒世恒言賣油郎獨佔花魁）、杜十娘（警世通言杜十娘怒沈百寶箱），蘇三（警世通言玉堂春落難逢夫）、趙盼兒（元雜劇趙盼兒風月救風塵）……她們或俠情或痴愛，或果決或綿纏，眞眞活血熱腸，具有獨立而完整的藝術形象。劉開榮氏在他的「唐代小說研究」中就拈出所謂「進士與娼妓文學」。

劉氏以爲進士與娼妓文學，「就是進士與娼妓中間社交與戀愛所產生的文學。它裡面的性質常是抒情的，結局也多數是悲劇的。由於封建背景下的一些不可調和的衝突，而產生的一些詩歌或小說，都是一些可歌可泣的作品……。翻開唐代的一部文學史，詩歌與小說……裡面則有十之七八是進士們的欣悅與悲哀的表現或結晶。但在這些表現與結晶中，『娼妓』，不論是直接或間接的，關於日常生活的或戀愛的，都佔有一個非常重要或相當大的地位或篇幅，所以唐代的文學史，就名之為進士與倡妓的文學史，亦不為過。」⑭，劉氏又進一步解釋這種文學的產生，實在是與中晚唐的社會背景有著極密切的關係。因為彼時「禮教」、「禮法」經由舊士族的提倡，又再度盛行起來，他們雖痛恨科舉（新興階級的清寒之士所賴以出人頭地者），卻無力廢除，他們一方面提倡禮教，一方面不可避免染上進士的浮華氣息。而上流社會的婦女受制於禮教，所以娼妓反以賤民身份取代名門閨秀在社交場合的地位，進士與娼妓因著這種需要而結合，但又因階級的懸殊而有嚴重的衝突，所得的後果便是悲劇。悲劇素來是文學的主要泉源，所以唐代的進士與娼妓文學的藝術價值和地位，也就可以想見了。

根據劉氏的見解，所謂「進士與娼妓文學」，是因其具有的⑴抒情性⑵悲劇性而富於藝術的價值，關於抒情性，該是指作品所流露出心靈世界的情境，也就是主人翁的欣悅與悲哀，關於悲劇性，當然是來自愛情的自我小天地與社會現實的大世界所產生嚴重的扞格，這種扞格一方面釀造出故事的趣味與情節的變化，另一方面更豐涵撞擊人心的感動力量，之所以如此，則不外因職業階級而形成的鴻溝，其中的深邃險峻，竟然連「愛」也無法跨越。這種悲哀相當無奈，面對社會沈重的壓力，個人是如此軟弱無力。如果我們以相同的尺度來衡量有關伶人文學的作品，則後者首先在數量上就難以與前者匹敵，其次在藝術表現的品質上，又無法與之抗衡。青樓與梨園，娼妓與優伶，雖然每每相提並論，但在文學的國度裡，竟是差以千里的懸殊呢！梨園的荒蕪，伶人的寂寞，能不令人在歎歎之餘，而興一份思索探尋的嚴肅嗎？

在我們向伶人文學出發以前，對於「伶人」可能得先廓定釐清一番，倡優不僅在稱呼上常是相提並論，就是在兼具「色」、「藝」的特質上也頗類似，許多時候，風月歡場與歌台舞榭幾乎是二而一的相通。但粗疏來說，「倡」應係以「色」爲重，而輔以藝，而「優」呢，自然是以「藝」爲主，若具有「色」則可謂兩全了。如果我們稍稍嚴謹一些，去回顧一下歷史，則會有如下的發現：

說文有「倡」而無「娼」，梁顧野王玉篇上始有「娼」，並說「娼婸也」，婸者，說文謂「放也，一曰淫戲」，宋丁度集韻說：「倡、樂也、或從女」明人正字通說：「倡、倡優女樂，別作娼。」根據以上所引，大致可知：第一，古代娼女起原於音樂。所以後世娼女雖以賣淫爲生，但音樂歌舞，仍是她們身懷的一技之長，第二，古代「倡」、「優」常不分。說文：「倡，樂也。」又說：「倡，饒也。一曰倡也。」又說：「俳，戲也。」清段玉裁說文解字注：「以其戲言之謂之俳，以其音樂言之謂之優；亦謂之倡，實一物也。」而在清以前，京師的官妓是「教坊司」所掌，州縣的則歸「禮樂令史」所掌，他們主要任務是供奉內庭，承應官府，因之必須學習「吹彈歌舞」「拆白道字，頂針續麻」「彈棋双陸」等技藝，當承應官府的重大慶喜節日，多是串演雜劇院本，而尋常小宴，就祇是清唱佐酒，萬一有了差錯，或犯了官諱，運氣不好還須受杖四十，甚至永淪樂籍，不得從良呢！（見關漢卿

「謝天香」及無名氏「藍采和」等劇）這種供奉官府的教坊弟子始於唐代，而承應州縣的官妓則要經五代到北宋才普遍起來。

雖然倡優二者之間有著如此含混曖昧的牽連，但是畢竟還是演化爲兩種職業團體，古今圖書集成博物彙編藝術典，分明劃分了「優伶部」（八一六卷至八一八卷）與「娼妓部」（八一九卷至八二四卷）。王書奴氏在其中國娼妓史一書中，綜合國際社會學者的諸般見解，而做了如下的界說：「因要得到他人相當報酬，乃實行性的亂交，以滿足對方性慾的，是爲娼妓。」至於優伶，潘先旦氏在其「中國伶人血緣之研究」一書中，對伶人雖無明言的界定，但顯然是將伶人導向「才藝」的純粹化。有了如此的認識，則元朝夏庭芝青樓集，明梅鼎祚青泥蓮花記、清趙慶禎青樓小名錄、清余懷板橋雜記中所載那些擅長搬演串戲的女伎，嚴格說來，其實並不是伶人文學探討的對象，至於明末的李香君、陳圓圓、汴玉京之流，雖也以歌舞著稱，但畢竟還是屬於色情交易的娼妓，故而桃花扇、圓圓曲等作品雖是文學史中的雋品，却仍然不是本文的範疇。

四、伶人文學的釐定

那麼所謂的伶人文學又是怎樣的取捨與釐定呢？當我們面對紙上資料，有關於伶人的記載或陳述，零星而又已雜遝。其中可以成爲戲劇研究的史料，或是社會考察的憑藉，但並不具有藝術的價值，特別是以「進士與娼妓文學」的標準去衡量，就益發相形見絀，而且絕大部份這些伶人的記載是以史傳的姿態出現，也就是眞人眞事的性質大大超過想像虛構的創作意味。在現實的社會中，伶人往往出身寒微，所謂娼優隸卒原是並稱的賤業，在許多其他行業所能享受的權利上，如應考科舉，常是被剝奪的。在昔倡優並稱，樂戶人家出來的子女，女的往往是妓女，男的也許就是「戲子」，而部份戲子還兼營男妓，就是相公，甚且相公風氣鼎盛之際，伶人對妓女還得行禮請安，因爲妓女一旦從良，還有受誥封的希望，做戲子連這一點也沒有，彷彿永無出人頭地的機會了。這大致是伶人在現實社會中所受的待遇，那麼他們在文史的紙上世界裡，又是怎樣的一種姿態呢？

(1)文獻史料

首先，我們不妨將這個紙上世界規劃爲若干畛域：第一個是文獻史料的天地，其中包括正史和私家雜著。第二個是文人的詩文作品。出現在這兩部份的伶人都是取材自歷史上實有的人物，作者對於伶人的處理毋寧是述而不作的報導性質。第三個是戲曲小說的王國，嚴格說來，這個部份或者才眞能稱之爲文學的創作，因其率多出於虛構想像，雖如此，倒並不意味它的藝術表現最爲突出。我們且先做一概括性的綜覽吧！

在文獻史料的天地中，屬於正史部份相當有限，大致是史記滑稽列傳、新五代史伶官傳、遼史伶官傳，這是專以伶人爲單位而爲之立傳的。在正史中還有零星提及某些伶人的事蹟，其用意都不外是

「史鑑」。至於私家的雜著，這一部份的材料堪稱龐蕪，包括筆記小說，隨筆札記、野史、叢談、詩話、詞話，其中有「誌人」爲主，而以所扮脚色歸類，如宋周密武林舊事、清李斗揚州畫舫錄，亦有「記事」爲主，摘錄優伶的言行事蹟，如：唐段成式酉陽雜錄續集、宋洪邁夷堅志，有關這一方面材料的蒐輯整理，王國維的「優語錄」堪稱箇中代表。在態度上也常是賡續正史中所期許伶人的政教作用，並無睹於他們才藝的獨立性與純粹性，卽令有，亦是簡筆直述，如同履歷一般，這還是上焉者呢。下焉者視伶人如風月，不無翫賞狎侮的心態，尤其是有清一代，所謂捧角文字堪稱汗牛充棟，像清代燕都梨園史料所蒐集的就多半屬此。

⑵詩文、戲曲、小說

第二種的詩文作品，和私家雜著的界限稍嫌曖昧，大致說來后者是以文學的抒情興味取勝。較之前者歷史爬梳或評議的性質大相逕庭。特別是明清之際，文人的詩文常以伶人或舞榭歌台爲寫作的素材，像王世禎、吳偉業、侯方城諸人，其實他們常是以秦淮歌舞而寄寓個人感時念舊的情懷，而這樣的寫作早在盛唐杜甫的詩集中已然開闢了蹊徑，像「觀公孫大娘弟子舞劍器行」「江南逢李龜年」，不都是藉著演藝人員而抒寫自己對盛世的悼念之情嘛？當我們展讀遺民的詩卷，不免歎服杜甫關懷層面的寬廣，以及對後世詩人影響的深遠了，由於這一類作者本身寫作的涵養，因之在表現上也富有文學的價値。他們多少能擺脫史鑑載道的箝制，而在詠懷抒情方面多做發揮，雖然他們筆下的伶人乃是因襲於眞人眞事，容或欠缺奇思玄想的馳騁，但在常帶感情的筆鋒下，自有一番歷史的滄桑感，在明清文人之中，又尤以張岱對伶人文學的寫作最具意義，尤其是他的陶庵夢憶，無疑爲伶人造型塑像，不僅傳其才藝，並刻劃其情性人格。他與戲劇的濃密血緣，以及他對民間演藝人員的眞情與尊重，和後來的曹雪芹至爲相似。張岱無異爲荒蕪的梨園帶來早春的清新與嫩綠，具有拓荒開山之功。

在第三種虛構想像的文學創作中，我們終於逐漸看見伶人登上文學的舞台，獨挑起主演的大樑，從元代的戲曲開始，首先散曲中有「莊稼不識勾闌」，藉著初進城市鄉間農人的口氣，生動表達戲場中種種的可喜可愕，其中當然包括了伶人的妝裹與搬演，又有「拘刷行院」，描寫歌臺酒樓，名旦演藝獻技侑酒，不免百般調笑，盡露醜態，後因教坊拘刷行院，優人乃倉皇逃走。還有「嗻淡行院，」透過文人之眼，來看棚闌中的形形色色。到了「諸宮調風月紫雲庭」的雜劇，敍述唱諸宮調爲職業的女子韓楚蘭，和一位少年靈春馬的戀愛故事。而「漢鍾離度脫藍采和」雜劇，則是俳優許堅（藍采和）受漢鍾離度脫的經過，這兩種戲劇除描述他們職業的搬演外，也開始觸及他們因職業而產生的喜樂與悲哀，這樣的寫作取向毋寧是可喜的，可惜前者在愛情主題的處理上似乎沿娼妓之舊，沒有新意，而後者祇是當時盛行道釋劇的一種，表示昇仙並非文人專利，連惡吏、娼妓、屠夫亦有緣悟道，則優伶的藍采和祇表示卑賤如他，尙得度脫，這誠然是元雜劇中平民意識的覺醒，但探究這種心態，仍不免心存鄙夷吧！倒是南戲的「宦門子弟錯立身」，以宦門之子延壽馬的愛情，寫出他不惜離家，加入愛人王金榜的家庭劇團開始流浪的演藝生涯，不僅在題材的處理上有所突破，而一「錯」字更是拈出其中的矛盾與悲哀，該是極具深切內涵的劇本。

在明雜劇「香囊怨」「復落娼」「桃源景」這三種中，都是寫樂戶歌妓，除了迎接生張熟魏，還得「應官身，喚散唱」「坐排場，做勾闌」，扮演各種腳色，並熟習許多雜劇，此外在水滸傳、金瓶梅的小說中也開始穿梭了民間的演藝人員，而清「品花寶鑑」更是全書寫優伶之事。

就是在這樣的文學作品中，伶人才逐漸擺脫以前政教的束縛，也並非單純祇有風月的聯繫，也不是詩人借以澆胸中塊壘的酒杯，他們藝術的人格、職業的辛酸甘甜總算有其自足的意義，祇可惜這樣的發軔並沒有通向康衢大道。梨園在文學的廣天濶地中始終是侷促一隅，文學作者沒有為讀者克盡引領開啓之責，隔著一片荒煙蔓草，斷垣頹壁，我們無從領略，也不敢相信其中可能具有的宗室之美、百官之富。這樣的陰黯慘澹一直要到紅樓夢的寫作，才為之堂廡一開，氣象大變，梨園風景總算明媚壯濶起來，而伶人也方才活靈活現。

⑶紅樓夢

一如張岱，曹雪芹在他個人豐富的戲劇認知與戲劇經驗的濡染浸潤下，再加上他對普世衆生所懷噴泉活水般的同情、尊重與瞭解，伶人文學的生命得了滋養，伶人的形象總算是「重新和泥，重新再做」，不再蒼白孱弱、氣息奄奄，而是目光炯炯、神采奕奕的血肉之軀，他們具有難以抗拒的美好，也有令人難堪的缺陷，曹雪芹特別掌握伶人特殊心理的矛盾，其逼眞與入情入理之處，直可視作社會調查的個案，經由曹雪芹誠摯的社會關懷，以及藝術技巧的苦心經營，梨香院的女伶活色生香，長久以來，伶人在悠悠歲月、擾擾人生、紛紜作品中所受的種種冷落、委屈與扭曲，至是總算重見天日，揚眉吐氣了，「天不生仲尼，萬古如長夜」，而曹雪芹呢？曹雪芹寫下紅樓夢，總算清理了梨園的荒蕪，結束伶人的黑夜。

然而曹雪芹所帶給伶人的曙光却相當短暫，因爲相對於紅樓夢的同情與瞭解，有清一代關於伶人的描摹竟墮落到了捧角文字的泛濫，我們回顧豐饒的古典文學，難免悵悵於伶人的落落寡歡，在一番初度的探尋和叩訪後，或者可以清理出一些緣由吧！

五、簡　論

首先，戲劇本身的局限性，因爲劇場原是朝生暮死，如電光火石，「祇有在演員面對觀衆表演的時刻才眞正存在。這種短暫性，使得我們不容易在曲終人散之后再去捕捉劇場的生命」⑮。而演員呢？雖然演員是戲劇工作人員中對外界最具體的代表人，「然而，除了極少數的特殊情形之外，演員不能身後留名，因爲隨時會有別的演員取代他的空缺，重新詮釋人物。」⑯這種情形是世界性的，所以伶人的才藝不比其他藝術的工作者如畫家、詩人等等較易留名靑史。另外，在早期戲劇尙未成熟的時代，伶人才藝的自足性恐怕也還不易成爲文學作者取材的對象，這都是來自戲劇發展本身不易突破的困窘。

而在中國傳統文人「琴棋書畫」的熏陶下，文人往往就是業餘的藝術家，雖然文學作品中對於文學以外藝術心靈的掙扎、探索等等並不顯得十分關注，但是有關神乎其技的藝術掌故或傳說却是相當豐富，聊齋裡趙子昂筆下的馬匹竟然自紙墨之間脫韁而出，在人間馳騁一番再回歸紙上（見「畫馬」），還有其他關於畫龍點睛，江淹綵筆，乃至伯牙鍾期，蕭史弄玉的知音相遇與音樂良緣，都是極爲動人的故事。而舞台的串演本不在六藝之內，關於文人心態的探討，我們已經拈出兩種的病態，其一是忽視輕蔑，其二是過份重視，以致流爲戀慕色情，這種心態上的衰病，自然影響到磊落光明作品的產生。

那麼將伶人視爲特殊職業的團體，他們是否有值得刻劃探討的問題，就像其他各行各業一樣呢？在許多倡優含混的故事裡，優伶所遭遇的困境也無非就是倡妓的難題，也就是和文人的階級鴻溝，也無怪像「復落娼」「桃源景」「香囊怨」「圓圓曲」「桃花扇」這類作品就被歸檔於煙粉娼妓的題材中，而優伶文學如果祇循此路而行，難免碰壁，自討無趣。其實撇開這些，以社會學的眼光來看，伶人的身心隔絕現象，是很可以掌握的，在掌聲中的自傲，在幕落以後的孤寂，在現實生活的被排擠，都是無數的矛盾與抵牾，除此，所謂「人生如戲」或「戲如人生」的眞假曖昧，這些都是從事伶人這一行所遇特殊的景況，祇是心理的自省分析與刻劃，素來是中國戲劇小說之所短，而抒情詠懷傳統的詩歌更難容伶人的介入，在先天不足，後天失調的情形下，梨園的荒蕪恐怕也是想當然爾的事了。

綜覽而言，在現實社會之中，以「藝」爲重的伶人，往往因爲囿於長久以來觀念的歧見，或因戲劇表演本身的短暫性，他們必須在粉墨鉛華、喝釆絃管裡獨自品嚐曲終人散的寂寞，而以「色」營生的教坊官妓們也祇有重蹈千年以來青樓女子的種種辛酸，露水的感情，陰暗的婚姻，這是我們從種種零星雜蕪的社會史料中所得的印象。至於在歷史的世界中，伶人是附庸於政教的傀儡，這種形象也見於其他的稗官野史，從滑稽列傳到優語錄，伶人就是呈現如此這般的意義，當然也有部份的雜傳筆記不曾扭曲伶人的藝術形象，祇是平允而忠實的報導，吳自牧夢粱錄，李斗揚州畫舫錄，對伶人的報導堪稱明晰的鏡子。最后是文學的國度，有時化爲澆胸中塊壘的酒杯，當個人色彩較爲淡薄時，就化做感時懷舊的觸媒，這是上焉者的伶人形象，從杜甫的李龜年到晚明的吳偉業筆下的秦淮河畔皆可爲例，而最爲精采的該是出現在「陶庵夢憶」裡的群伶了，下焉者則淪爲狎賞玩弄的花兒朵兒，就像清中葉以后的捧角文字—清代燕都梨園史料的某些篇章。極少的時候，伶人竟也自繆司女神的虛構想像中冉冉誕生，像藍采和，像延壽馬，像梨香院的女伶，但在浩瀚無邊的古典文學中，這畢竟祇是一點點的微波漣漪呵！對於一個深嗜戲劇的民族來說，豈不令人欷歔？

注釋

①清明上河圖，故宮藏有七個本子，以清院本清明上河圖最獲好評，其祖本乃宋人張澤端的長卷，描寫北宋汴京清明時節的盛況，其中戲劇活動有猴戲，傀儡戲、野台戲、打花鼓、拳擊、走索等等。本文所提野台戲在清院本圖第二段內，關於此畫的研究請參看那志良撰清明上河圖、民國六十六年、台北、國立故宮博物館。

②曾永義「明雜劇體製提要」，中華文化復興月刊，第九卷第十一期，民國六十五年十一月。

③蒐于文基原著：中國文學研究新編，明倫出版社，民國六十年，台北。

④見註②前擧之文。

⑤見前大綱「發掘中央研究院所保存的戲劇寶藏」，蒐于「戲劇縱橫談」、傳記文學社、台北，民國五十八年。

⑥見曾永義「有關元雜劇的三個問題」蒐入「中國古典戲劇論集」，聯經出版社、台北、民國六十六年二版。此文中臚列了近年田野考古發現或存或毀的宋金元舞台十五座。

⑦馮沅君、古劇說彙。

⑧有關劇場碑記的發掘，在「清代燕都梨園史料」中王芷章的「序」中也曾提及民國廿年左右他和張次溪在北平所作的訪碑工作，並完成了「梨園金石文字記」一書。

⑨見羅錦堂「中國人的戲劇觀」，蒐入「錦堂論曲」，聯經出版公司、台北，民國六十六年，頁九。

⑩"The theatre may almost be said to be the only national amusement, and the Chinese have tor theatricals a passion like that of English-man for athletics, orthe Spaniard for bull-fights" 原文見Smith, Arthur H. 所著"Chinese Characteristicis" N.Y. The Caxton Press, 1894, P.16。

⑪語出文基（鄭西諦）「清代燕都梨園史料序」—蒐於「中國文學研究新編」（見註③）頁八一七。

⑫請參考文基「論元人所寫商人、士子、妓女間的三角戀愛劇」，亦蒐入前擧「中」書裡。

⑬中國小說史略第二十七篇「清之俠義小說及公案」，頁二九六—二九七。

⑭劉開榮，唐代小說研究，商務印書館，人人文庫，台北，民國五十七年二版，頁六四。

⑮見世界戲劇藝術欣賞，布羅凱特著　胡耀恒譯，台北志文出版社，民國六三年，頁二五。

⑯世界戲劇藝術欣賞，頁六〇三。

第二章　傀儡與花

——文獻史料裡的伶人

景：宮庭台階前，一端通向大殿，隱隱傳來笙歌曼舞的喧騰，空氣則浮動著一種酒筵的醺醺然。一端通向室外，天色陰沈，並落著相當濃密的寒雨。

人物：

優旃：形象上，他是一種怪異的混合。譬如：奇短的身軀，大約只有八九歲孩童的樣子，卻偏偏頂著一顆碩大的頭顱。一張紅撲撲的頑童臉，又明明刻鏤著歲月的蒼老。而他呵呵的笑意，也讓人捉摸不定，就像此刻醇酒與寒雨的混合，分明是酣暢吧，卻突然閃過一種嘲諷的冷漠。

儀仗隊若干名：雖然淹沒在制服與雨水中，仍可辨認出他們的高大英挺，祇是肅然端立，多少像宮廷裡的擺設，舞台上的道具。

秦始皇

隨從、宮女、賓客若干。

優旃（持著酒杯，踉鎗中還是可看出手脚的伶俐）：好酒！好酒！就是空氣太悶了。還是到這兒來透透氣，嗯，涼快多了！咦，難怪呢！原來下起雨來了。還眞不小呢！看樣子，下了有一會兒工夫了。嘖嘖嘖！老弟呵！看看漂亮的衣服都濕透了，在雨裡站崗不是滋味吧！

（儀仗隊默然，唇際露出苦笑）

優旃：這樣子淋下去怎麼了得？八成要受寒生病的，嘿，我說小伙子們哪，想不想進去歇歇？

儀仗兵甲（忍不住了）：不想歇歇？怎麼不想？您老可替我們想個法子哪！衹要能進去躲躲雨，伸伸腰，那，那您老可是我們的再造父母，恩重如山呀！

儀仗兵乙：哎，進去歇歇，連門都沒呢，眞箇痴人說夢！

優旃（笑容裡閃著詭譎）：嗯，這個我倒可以試試！這樣吧，歇會兒如果我大聲叫，儀仗隊的兄弟們，你們可也要大聲答應說—有呵，辦得到吧？

儀仗兵隊（幾乎異口同聲）：沒問題！

（正說著，一陣喧笑嬉鬧，又傳來「萬歲萬歲，萬萬歲」的群讚，裡面夾雜著笑語嬌啼，然后秦始皇被簇擁著走出來）

優旃（走向台階，醉態可掬，靠著欄杆，大聲呼叫）：儀仗隊的兄弟們！

儀仗兵隊（齊聲）有—

優旃（露出他特有的笑容）：呵呵！我說老弟們，你們白白長得這副神氣模樣了，高是高，俊是俊，不錯！哼，長得高，長得俊又有啥用？長得高好站著淋雨，是吧！長得俊，像隻漂亮的落湯雞？（並用手去擰儀仗兵的衣袖，果然是滴水不已）不是我賣瓜說瓜甜，自抬身價。說眞格的，矮有啥不好？像我，我不一樣有吃有喝有說有笑，可一項也不缺，最起碼，用不著像你們這些高個兒，俊小子又是罰站，又是淋雨，要喫苦，又要受氣，還不准進去歇歇呢！告訴你們，就憑你們是一堵銅牆鐵壁，也要淋成一堆破銅爛鐵的，哎哎哎！爲人莫做長高漢，長高漢子命薄苦，要酒無酒，怕雨偏遭雨淋（頑皮地將酒傾在儀仗兵的頭上），還是傾盆大雨哪！老弟，失禮啦！

秦始皇（嬉笑逐漸斂去，居然生出一種關懷的莊重）：你們站了有好一會了吧！我倒是沒有想到，這樣好了，傳令下去，讓大隊長重新調配，分成兩隊，輪流站崗。旃啊，這樣做您老還滿意吧！①

一、政教的傀儡

⑴滑稽列傳

史記滑稽列傳中載有兩位「優」的事蹟，一是楚國的優孟，二是秦國的優旃。這種「優」和後世戲劇發展成熟的演員是否完全一致，我們先暫且不論，但他們的裝腔做勢，調笑諷刺却極類似以後的「丑」。王國維氏在宋元戲曲史中指出上皇之世的巫覡之興，實是後世戲劇中「歌舞」部份的萌芽。而「優」亦是後世戲劇之所出，若按史記中所載，則「優」較偏重於「言語」的部份。且前者以歌舞爲主，乃用以樂神，後者以調謔爲主，而用以樂人，除了言動笑貌而外，他們大約也涉獵音樂，故同時被稱「樂人」——如「優孟者，故楚之樂人也」；又懂得妝扮，優孟就扮過孫叔敖「爲孫叔敖衣冠，抵掌談話，歲餘，像孫叔敖，莊王左右不能別……以爲孫叔敖復生也。」穀梁傳夾谷之會，齊人使優施舞于魯君幕下，孔子以爲笑君者當誅，使司馬行法。漢禮樂志載：「郊祭樂人員，初無優人。惟朝賀置酒陳前殿房中，有常從倡人三十人，當從象人四人。」孟康言象人，乃爲戲魚蝦獅子之類者；韋昭則謂着假面者，不論戲魚獅子或着假面具，其爲戲曲之雛形則一。

關於「優」的戲劇成份，以及將史記，漢書的記載視爲戲劇史料時，我們得到上述的瞭解，如果我們以一種文學的角度去探索時，則彼輩又有不同的變貌。

首先在形象上，「優」常是畸形變態之人，優施與優旃均係侏儒。優旃的故事特別耐人尋味，優旃是醜陋的侏儒，儀仗兵隊由於職務所需，無不高大英挺，器宇軒昂，這兩者的對立是尖銳的，但又似乎極端酷肖，前者是宮廷劇場裡調笑搬演的丑角人物，後者是宮廷擺飾的延長，在工作領域上都是環繞著帝王，是一種寄生的形態，自我尊嚴的伸張，以今天的觀點來看，毋寧近乎負數，當然在優旃的事件裏，他是處於優勢，憐憫並嘲弄後者，而最重要的是：經由他的一番言動調戲，蟄伏久矣的一點關懷與溫情被喚醒了，始皇大發慈悲之心，讓雨中的儀仗兵隊輪番守衞。而優旃的言行其實也就是其他「優」所重覆的模式。

像楚的優孟吧！在形象上他倒並非殘缺之人，但他的心智作用，言語能力，也無不是針對帝王，在諫諍譏諷上有所發揮，有所爭取。如果他們這種才藝是取向正道，則無異有益政教，能成一般人臣之所不能成者，優孟愛馬之對，與孟子的「率獸食人」眞可匹敵，優旃「漆城」之舉可謂爲蒼生請命。此外，優孟喬裝孫叔敖，優旃解陛楯者之急，以及漢武帝的幸倡郭舍人（亦見滑稽列傳），對漢武乳母所獻之計，雖然不及所舉前例那般富於宏溥的襟懷，但也可算有一份俠義之風。也就是因爲「優孟搖頭，而歌負薪者以封」「優旃臨檻疾呼，陛楯得以半更」，所以才贏得太史公一聲讚歎「不亦偉哉？」則他們在形象上固有所殘缺，但在言語上則有所擅長—「優孟…多辯，常以談笑諷諫」、「優旃…善爲笑言，然合於大道」「郭舍人者，發言陳辭雖不合大道，然令人主和說。」從這一點看，他們的才藝祇是政教的工具，當他們在宮廷喬張做致，裝弄撇演，那短小滑稽的狀貌，在偉岸優越的皇族前，大約就像玩偶一般吧！當然在談笑之際，會突然被點醒了什麼，總算不曾辜負了優者的一番苦心孤詣，而在正史上他們也並因才藝而贏得一席之地，實際上也還是對君主對政教的一點貢獻，而可以發揮一些史鑑的作用，他們傀儡一般工具的利他性與附庸性，難免讓人感覺幾分無奈吧！

史記對待優人的態度繼續延伸到其他正史的伶官傳裡。祇是史記所載的「優」具有正面的意義，而後世的伶官傳則亦包含了負面的作用。

(2)伶官傳

新五代史特闢伶官傳。見於傳中的伶人有周匝、敬新磨、景進、史彥瓊、郭門高。又有教坊使陳俊、因爲周匝的推薦，做了景州刺史。

遼史列伶官傳，僅有羅衣輕者被青史肯定並得傳述下來。

除了正史的伶官傳以外，官史和官史的注裡還有四五處講到伶人和扮演或串戲的事實，裴松之三國志注在齊王芳下，引世說新語及魏氏春秋，說起優人雲午在平樂觀上伴帝閱兵，謀殺司馬昭未成，又引魏書司馬師秦明元郭皇后的話，說起小優郭懷袁信「作遼東妖婦」、唐書武平一傳說到「妖伎胡人，街童市子，或言妃子情貌，或列王公名質，歌詠舞蹈，號曰合生」。新五代史吳世家有吳主楊隆演鶉衣髮髻爲蒼鶻。宋史姦臣傳說「蔡攸侍曲宴，短衣窄袖，塗抹青紅，雜倡優侏儒」。

在上述有限的正史資料裡，我們所得到戲劇發展的瞭解計有：⑴郭懷袁信「作遼東妖婦」應是反串旦角的開山。⑵唐書中的「合生」，據清人焦循的說法，是後來明皇時代梨園之戲的張本（焦氏劇說卷一）。⑶楊隆演的蒼鶻，徐知訓的參軍；宋徽和蔡攸（宋史姦臣傳與周密齊東野語卷二十對照相看）的君臣客串；此二事與後世參軍爲淨，蒼鶻爲末是可相互爲注腳的。⑷唐莊宗的自敷粉墨，蔡攸的「塗抹青紅」，都是後世淨角塗面，以至鈎臉的濫觴了。⑸金史后妃傳提到金章宗時優人瑇瑁頭亦能規諷，這稱呼無疑是綽號。這也是後世劇場伶人的習俗。⑹以前糊塗君王往往喜歡自己串戲，像後唐莊宗，吳主楊隆演、宋徽宗諸人。

撇開這些戲劇的斬獲不言，在正史上的伶人像敬新磨、羅衣輕，他們賡續了史記滑稽列傳的諷諫傳統，大者爲民請命，或洞明姦邪；小者亦對君王做謔而不虐的冒犯，不可謂不吐心中之快，令人喝采，這是伶人正面的意義。而滑稽一詞據司馬貞索隱有三種解釋：其一，崔浩以爲滑稽是酒器，「轉注以酒，終日不已，言出口成章，詞不窮竭，若滑稽之吐酒」。其二，姚察以爲滑稽等於俳諧，「以言諧語滑利其知計疾出」。其三，滑是亂，稽是同，「以言辯捷之人，言非若是，說是若非，能亂同異也」，從第三種的解釋，那麼滑稽的饒舌，具有顚倒是非的蠱惑能力，是危險的人物，他們以他們的怪異闖入正常的生活秩序，讓原有的安定突然陷入了訝異和驚愕之中。這種負面的導向也是正史中部份伶人的情況，像環繞在後唐莊宗身邊的群伶，而後唐莊宗本人就「知音度曲」，時常串演，以「李天下」爲藝名自呼，他這種遊戲人生的態度本不適於爲君爲王爲政治的領袖。新五代史中特別強調他如何縱容伶官，而伶官又如何恣睢跋扈，終於斷送後唐天下。所以歐陽修在序中再三慨歎「大禍患常積於忽微，而智勇多因於所溺，豈獨伶人也哉？」「君以此始，必以此終，莊宗好伶，而弑於門高焚以樂器，可不信哉！可不戒哉！」再看三國志，好像齊王芳所以被廢，高貴鄉公所以得立，而司馬氏權威所以日盛，小優郭懷袁信諸人未始不是一個小小關鍵。不論這些伶人是以正面或負面的姿態出現，他們涉及政治，被史官做爲勸懲或史鑑的作用則是一樣。

究竟做爲一名伶人，他的藝術與人格的獨立性要到什麼時候才被認可，才被尊重，才被揄揚呢？

⑶優語錄

至少在元代文獻史料的天地裡，伶人一時難以爭取他們藝術與人格的獨立，私家的雜著一如正史，仍然維持了對伶人「政教」的期許。當然，在這兒我們要注意到一個戲劇發展的史實，嚴格來說：「

眞正之戲曲不能不從元雜劇始也」①也就是囿於客觀環境的實情，伶人也不可能在戲劇是芽嫩枝弱之際而有一片繁華的美景。如此，伶人祇有在言辭上表現機鋒銳利，雖然這樣，「優語」也倒還有可觀之處，王國維氏就對龐蕪而零星各種稗官野史做了一番整理與收輯，因而彙編而成優語錄，除了正史外，他們取材的私家著作，包括了：

唐段成式酉陽雜俎續集
五代高彥休唐闕史
宋蔡絛鐵圍山叢談
宋邵伯溫邵氏見聞錄
宋李廌師友談記
宋周密齊東野語
宋孫光憲北夢瑣言
宋葉夢得避暑詩話
宋岳珂桯史
宋洪邁夷堅志
宋王闢之澠水燕談錄
宋曾敏行獨醒雜志

宋張端義貴耳集

宋葉紹翁四朝見聞錄

明陳耀文天中記

明徐威西園雜誌

王氏所錄優語五十則之中，幾千全是宋代和宋代以前的。他爲優伶輯語的態度，也一如正史，和宋人洪邁在夷堅志丁集所稱：「俳優侏儒，固伎之最下且賤者，然亦能因戲語而箴諫時政，有合於古矇誦工諫之義，世目爲雜劇是店」是一樣的看法，正好合乎了孔子的「不以人廢言」之意。

優語錄中的群優經常是以無名的姿態出現。他們戲語的方式多假「諧音」來進行。譬如：周密齊東野語中以「三十六髻」來諷刺童貫用兵燕薊是「三十六計走爲上策」。岳珂桯史以「二聖環」暗喻高宗無意於徽欽二聖的歸來。葉紹翁四朝見聞錄，以「自取樊（煩）惱」譏嘲韓侂胄伐金無功。這些對白往往充滿了機智趣味，其旨也常標向憂國憂民的情懷。洪邁夷堅志中儒、道、釋三家之爭就是絕佳的一例：

優人常設三輩爲儒、道、釋、各稱頌其教。

儒者曰：「吾之所學，仁義禮智信，曰五常。」遂暢其旨，皆采引經書，不雜媟語。

次至道士，曰：「吾之所學，金木水火土，曰五行。」亦說大意。

末至僧，僧抵掌曰：「二子腐生常談，不足聽，吾之所學，生老病死苦，曰五化。藏經淵奧，非汝等所得聞之，當以現世佛菩薩法理之妙，爲汝陳之，盍以次問我？」

曰：「敢問生？」

曰：「自大學辟雍，外至下州偏縣，凡秀才讀書者，盡爲三舍生。華屋美饌，月書季考，三歲大比，脫白掛綠，上可以爲卿相，國家之於生也如此。」

曰：「敢問老？」

曰：「老而孤獨貧困，必淪溝壑，今所立孤老院，養之終身，國家之於老也如此。」

曰：「敢問病？」

曰：「不幸而有疾，家貧不能拯療，於是有安濟坊，使之存處，差醫付藥，責之以十全之效，其於病也如此。」

曰：「敢問死？」

曰：「死者人所不免，惟貧民無所歸，則擇空隙地爲漏澤園，無以斂則與之棺，使得葬埋。春秋享祀，恩及泉壤，其於死也如此。」

曰：「敢問苦？」

其人瞑目不應，陽若惻悚然。促之再三，乃蹙額答曰：

「祇是百姓一般受無量苦。」

徽宗爲惻然長思，弗以爲罪。

優人所扮演之僧，乃大大發揮其憂世憫人的慈憫心腸，在在流露以社會福利來造化天下蒼生的理想。後世的伶人常以肢體的運作，言語的講習，以及音容笑貌來將案頭的劇本化爲舞台的搬演。但早期的資料顯示出彼時伶人不僅要嫻於演練的技巧，尤須機變的能力，且要掌職後世劇作者之工作，在思想內容主題上力求言之有物，像以上所引，堪稱「雖小道必有可觀者」。則伶人並非無點墨之白丁，也必須熟諳掌故，嫻習歷史，方能娓娓道來，油然中人而引人入勝。如是，演藝人員娛樂的作用似乎不比教化意義來得重大，這種「寓教於諧」的觀點，實在揭示了藝術的功能價值，是自詩大序以降的「風化」之旨。而在學校教育尚未普及民間以前的悠長歲月，對廣大群衆而言，他們雖無緣於杏壇絳帳，但劇場卻無異是另一種黌宮，伶人竟也在無意間教忠教孝，負起民族歷史文化的教育重任。因爲戲劇深入民間，具有如此的影響力量，教忠教孝或誨淫誨盜，關乎世道人心大矣哉，實不可等閒視之。也無怪有明一代的大儒陽明先生要說：

「今要民俗反樸還淳，取今之戲子將妖淫詞調俱去了，只取忠臣孝子故事，使愚俗百姓，人人易曉，無意中感激他良知起來，卻於風化有益。」（見陽明傳習錄）清儒劉獻廷也有：

「戲子小說，乃明王轉移世界之大樞機，聖人復起，不能舍此爲治」（見廣陽雜記卷一）的主張了。而近人梁啓超於一九〇二年十月在橫濱創辦「新小說」的發刊辭，「論小說與群治之關係」，尤其強調小說（案：梁氏所舉最有影響力之小說，實際還包括了戲曲，也就是「水滸傳」、「紅樓夢」、

「西廂記」與「桃花扇」）的政教功能：

欲新一國之民；不可不新一國之小說。故欲新道德，必新小說；欲新宗教，必新小說；欲新政治，必新小說；欲新風俗，必新小說；欲新學藝，必新小說；乃至欲新人心，欲新人格，必新小說。何以故？小說有不可思議之力支配人道故②。

王陽明，劉獻廷，梁啓超諸人對戲劇小說這種藝術功能的看法類似托爾斯泰對藝術的見解，托氏在「藝術論」③裡，把文學的影響力全部寄托於「傳染性」之上，以爲廣大群衆會「感染」文學的影響力，從而建立起大同世界。戲劇竟關乎一國家一民族甚至全人類的道德盛衰，那麼伶人自然是更加任重道遠了。這種看法自有其「言之成理，持之有故」的基礎，我們姑不做任何辯解非難。和早期史家以爲優伶談言微中，有矇誦工諫之義，這兩種態度來比較一下，顯然後世學者先肯定戲劇伶人巨大無比的形象，因爲如此巨大，所以牽一髮動全局，焉能不愼？而正史則在前提上先小覷伶人，但伶人雖卑微，祇要所言有一點可取，也差強人意了。兩種不同的透視，伶人形象或巨大或渺小，但是一言以蔽之，其爲政教的附庸，傀儡般的被牽制，被利用的特質還是差不多的，這種態度代表了多數的正史或稗官，也是我們所拈出的第一種。

二、還我伶人本貌

在私家雜著中也有純粹爲伶人的戲劇因素而加以敍述報導，甚而立傳的。

(1)唐宋的私家筆記

宋王灼的碧鷄漫志載有從古至晚唐「善歌得名」的男女五十多名。當然「善歌」未必兼具扮演與舞蹈的才藝，但與唐人筆記相對照，可知其中「黎可及」大約是一正式俳優。

唐段安節的樂府雜錄，敍述唐代開元天寶以後的樂府人物，乃採用分類的方法，計有歌、舞工、俳優、琵琶……等十五類，每類至少有一兩位專業人材。其中俳優類裡有十六人：

「開元中，黃旛綽張野狐弄參軍…開元中，有李仙鶴善此戲，明皇特授韶州同正參軍，以食其祿……武宗朝、有曹叔度，劉泉水，鹹淡最妙。……」

唐代伶人似乎全是皇家御用，他們在民間的地位如何呢？五雲溪人范攄所著的雲溪友議（卷九）、提到「元稹廉訪浙東，有俳優周季南、李崇及妻劉採春自淮甸而來，善弄陸參軍，歌聲徹雲。」

宋代伶人最富盛名大約是神宗年間的丁仙現。至少有四種筆記—蔡絛的鐵圍山叢談，邵伯溫聞見錄，李廌的師友談記，葉夢得的避暑錄話。其中邵著說到丁仙現搬演時姿勢與表情的動人深刻，而葉則說他能敢人不敢言者，且容貌儼然如士大夫，似乎鈎勒出一位上等伶人的品格。

南宋的伶人可見於吳自牧夢粱錄，周密的武林舊事。夢粱錄卷二十說敎坊有丁漢弼等人，理宗景定至度宗咸淳年間的都管、部頭，色長等人員有陸恩顯等，而武林舊事載有雜劇脚色四十一人，雜扮二十六人，唱諸宮調傳奇四人。

⑵元青樓集、錄鬼簿

元明兩代，是戲劇文學成熟，劇場組織完備的年代，這時的戲劇人才也應該特別多，但傳於今者却並不多。戲劇人才發展至此，已經劃分爲劇作家與演員兩部份了。但是關於專業的伶人的傳記反而不多了。其中像元明間散曲作家夏庭芝（伯和）所著青樓集，包括了「南北諸伶之姓氏」，也記述元代幾個大都市一百十餘個妓女生活的片段，這些妓女大多數是戲曲演員、曲藝演員，包括雜劇、院本、傳唱、說話、諸宮調、南戲、舞蹈的著名藝人，舉例來看：

趙眞眞、楊玉娥善唱諸宮調。

珠簾秀：雜劇爲當今獨步、駕頭、花旦、軟末泥等，悉造其妙。

順時秀：雜劇爲閨怨最高，駕頭諸旦亦得體。

還有明梅禹金青泥蓮花記及趙慶楨青樓小名錄，也記載著不少元代女妓，在這三種記載中的女伶與娼妓是一體兩面，她們也有嫁人生子，生活和一般青樓女子畢竟有些不同，但是這些女子也並不是眞正純粹的演藝人員，然而若不藉「青樓」之名，則我們連活躍於劇場盛世的元代女伶也會茫然不知呢！

在鍾嗣成的錄鬼簿彙集了元代一百五十名戲劇作家的簡歷，其中有四位伶界的人物。也幸虧他們還能寫劇，否則我們也無從得知了——

趙文殷，教坊色長，做過渡孟津武王伐紂等三種劇本。
張國寶，喜時營教坊勾管，做過漢高祖衣錦還鄉等四種劇本。
紅字李二，教坊劉要和婿，做過病揚雄等三種劇本。
李郎，劉要和婿，做過莽張飛大鬧府院等劇。

⑷明清雜著中可喜的兩例

殉身舞台商小玲（見焦循劇說所引）

明代伶人不曾被人系統地編纂結集起來，我們祇能零星窺出一點梗概，蓋伶人專輯雖不得見，但文人著作雜論戲劇者却委實不少，裒輯成卷者有二十五家，較之元人，已蔚然可觀，其著述體例大多沿襲詩、詞話之積習，頗以片斷零亂爲嫌，然著爲專論亦頗有其人，如徐渭南詞敍錄，沈寵綏度曲須知專論唱法，祁彪佳遠山堂曲品，劇品，和呂天成曲品，專門品第劇本，王驥德的曲律……等等，這裡面當然也會涉及當代伶人的實況，再加上清人焦循劇說，毛奇齡西河詞話，李調元雨村曲話，也會兼談明代伶人，在這些雜著之中，伶人戲劇色彩已經越來越濃厚。當然也還有不少承襲「滑稽」之舊者，像谷應泰明史記事本末和獨逸窩退士的笑笑錄中提到成化年間的中官阿丑，「善詼諧，恒於上前作院本，頗有諷諫風」，當時汪直用事，唯獨對阿丑似乎尚有幾分顧忘。焦循劇說（卷六）提到申時行的家優周鐵墩，也是甚具操守，「可以愧士大夫之寡廉鮮恥者」。但是像清徐石麒蝸亭雜訂中的伶人頓仁，曾隨正德皇帝入京，「盡得北方遺者，獨步東南」。沈景倩的顧曲雜言稱，萬曆年間蘇州有女伶巧孫，「貌甚醜而聲遏雲，於北詞關捩竅妙處，備得眞傳，爲一時獨步」。其後，南教坊又有女伶傅壽，亦能唱北曲而爲時流推重，以上諸人就是純以藝術取勝了。在這些記載中，最爲動人的是焦循劇說引澗房蛾術堂閒筆的杭州女伶商小玲，因對演藝一位情深，入戲太深，乃至死於舞台——

「杭有女伶商小玲者，以色藝稱，於還魂記尤擅場。嘗有所屬意，而勢不得通，遂鬱鬱成疾。每作杜麗娘尋夢，鬧殤諸劇，其若身其事者，纏緜凄婉，淚痕盈目。一日演尋夢，唱至『待打併香魂一片，陰雨梅天，守得梅根相見』隨聲倚地。春香上，視之已氣絕矣。」

商小玲的事蹟，毋寧是對藝術的殉身，自然生出一種壯士裹屍沙場的悲壯。在整個伶人發展的歷史中，她的名字是以鮮血濡染深情而寫成的，髣髴傳說裡以血肉之軀鑄劍的莫邪，又像芥川龍之介地獄變的藝術家，對他們而言，生命與藝術已是二而一的結合，可以爲之生，也可以爲之死。商小玲也是我們所知第一位殉職於舞台的伶人。當然這也指出伶人可能遇到的情形：現實生活的眞我，與藝術舞台的假相，當兩者已經無法判然均衡時，則往往是血肉橫飛的大毀滅，却是藝術生命的大成就。而這事蹟的記錄也是極其可喜的，因其對伶人的用筆，已然鐫雕於骨血情腸，是雜著史傳中相當特殊而且可貴的一頁。

揚州畫舫錄的崑腔演員（李斗著）

及至有清一朝，關於伶人的著作是一片蓬勃之景。像清代燕都梨園史料就大量收集了這方面的作品，稍後我們將做一鳥瞰。在嘉道以前，也就是皮黃尚未取代崑腔之際，李斗的揚州畫舫錄對當時的崑腔演員做了十分翔實而豐富的報導（見卷五），從副末到小旦，一共十種脚色，再加上脚色不明者就有十一類，李氏就此十一項舉出名角共一百零三人。此書在乾隆六十年出版，彼時揚州是鹽商全盛之際，雅部各班重要脚色都被羅致書中。李氏較爲難得的地方，是將伶人身心兩方面特殊的造詣也多所報導。譬如：

老生山崑璧，身長七尺，聲如鑄鐘……觀者目爲天神，自言袍袖一遮，可容同行數十人。

正旦任瑞珍「善泣」，詩人張樸存嘗云：「每一見瑞珍，令我整年不敢作泣字詩」。

大面范松平擅嘯，「其嘯必先斂之，然後發之，斂之氣沉；發乃氣足，始作驚人之音，繞於屋梁，經久不散，散而爲一溪秋水，層波如梯；如是又久之，長韻嘹亮，不可遏而爲一聲長嘯；至終也，乃嘐嘐作洞穴聲。」

還有的伶人品貌十分美麗，像小旦潘祥齡「神光離合，乍陰乍陽，號四面觀音；」小旦楊二觀，姿容秀美，時人以水蜜桃相比。

有若干伶人的精力有過人之處，三面顧天一，「年八十餘演鳴鳳記報告官，腰脚如二十許人。」此外張國相：「近年八十餘，猶演宗澤交印，神光不衰。」

除了這些舞台才藝導外，李氏也指出一些籍貫，家族血緣的資料。這樣看來，揚州畫舫錄較之青樓集更爲傳眞，翔實而生動，當然與其他斷簡零篇式的伶人文獻就更顯出它有條不紊，井井有序的可喜之處。以上所述這部份的文獻史料最讓人欣慰的應是撰述者對伶人才藝的正視，以及對伶人的人格有持平的態度，其實這原是很基本的一種待人之道，但正因爲伶人總是被屈解，所以連這最基本的看法居然也鳳毛麟角般的珍罕。但事實本是這樣殘酷的，像一些從事戲劇創作或戲劇理論的文人學者都對伶人充滿鄙夷之情，舉例來說：

焦循劇說裡就有這樣一段驚人之論：

> 周挺齋（德清，元高安人）論曲云：良家子弟所扮雜劇，謂之行家生活，倡優所扮，謂之戾家把戲，蓋以雜劇出于鴻儒碩士，騷人墨客，所作皆良家也。彼倡優豈能辨此？故關漢卿以爲非是他當行本事，我家生活，他不過爲奴隸之役，供笑獻勤以奉我輩耳；子弟所扮是我家風月。雖復戲言，甚合於理。
>
> 又云：院本中有倡夫之詞，名曰「綠巾詞」，雖有絕佳者，不得並稱樂府。如黃幡綽、鏡新磨、雷海青，皆古名倡，以樂名呼之，亘世無字；今趙明鏡譌傳趙文鏡，張酷貧譌傳張國賓，皆非也。

焦循這一段見解同時揭示出周德清，關漢卿以及他本人對優伶所持歧視與偏頗的態度，其實像元朝的趙子昂也有類似的看法（見太和正音譜），他將優伶所編撰的戲曲，稱爲綠巾詞。太和正音譜著錄元人雜劇劇目，該書作者也把優伶所寫的分列，並寫明「倡夫不入群英四人，共十一本」同書列「知音善歌者三十六人」也注明「倡夫不取」。從這些現象，我們遂有了如下的瞭解：其一、一樣寫劇本、伶人寫的，無論怎樣好，總不能和文人相比。其二、一樣扮演，伶人的不是「生活」而是「把戲」，沒有自足的價值，祇能恣士大夫的笑樂。其三，自古以來，伶人能稱其渾名綽號，不許有正式的名姓。

能「躬踐排場，而敷粉墨」（見元曲選序）的一代戲劇大師關漢卿，對伶人都懷有如此偏見，那麼又如何期許其他文人以健康純正的眼光正視伶人呢？如此看來，李斗寫揚州畫舫錄稱得上力矯流俗，獨具目光了。

三、賞花餘事

——捧角文字的泛濫與墮落

回顧以上所述，伶人在正史及私家雜著上或被視爲政教工具，或被歧視而不多讚一詞，或被持平報導，其中當然以第三者最爲可取，但亦不多見。然而還有一種情形，即是對伶人表示好感，可惜這種好感，常轉爲病態的聲色之好，見諸於紙上的是大量捧角文字的產生，譬如像明潘之恒的曲艷品，後艷品，續艷品，乃至劇品，（見古今圖書集成優伶部），無一不視女伶如嬌花，字裡行間充滿狎暱之情，這種情形到了清代中葉以後尤其普遍。或爲月旦的品評，如楊掌生的四種京塵雜錄；或是所謂菊榜的排列，如光緒二年之榜，狀元是米霞芬，榜眼是蔣雙鳳。我們且錄潘之恒的曲艷品的一小段，來窺探這一片「花花世界」吧：

漫修容徐步若馳，安坐若危，蕙情蘭性，色授神飛，可謂百媚橫陳者矣。

宛轉歌喉態轉新，鶯鶯燕燕是前身。已憐花底魂銷盡，漫向深閒語撩人。

民國以來，張次溪蒐集有清一代戲劇史料三十八種，而編纂爲清代燕都梨園史料，鄭振鐸氏於該書的序中認爲：這三十八種罕見之書能以全部刋行於世，「誠是一大快事」，但展讀之際，又不無所感，「清禁官吏挾妓，彼輩乃轉其柔情，以向於伶人。史料裡不乏此類變態性慾的描寫與歌頌，此實近代演劇史上一件可痛心的污點。惟對於研究變態心理者，也許也還足以作爲參考之資。」

鄭氏序言正指出已然變質的伶人文學，所以漸趨下流的社會背景、心理因素，則我們所針對者實非文學作品本身，乃是作品所流露出的意識型態，就如同前面我們批評伶人淪爲政敎的傀儡，也是針對史傳作者期許伶人的心態問題而做的種種考慮。那麼，清代燕都梨園史料畢竟是怎樣的情形呢？我們不妨從總目着手。

燕蘭小譜五卷	西湖安樂山樵	乾隆五十年作
日下看花記四卷	小鐵篴道人	嘉慶八年作
片羽集一卷	來青閣主人	嘉慶十年作
聽春新詠三卷	留春閣小史	嘉慶十五年作
鶯花小譜一卷	半標子	嘉慶二十四年作
金臺殘淚記三卷	華胥大夫	道光八年作
燕臺鴻爪集一卷	粟海庵居士	道光十二年作
辛壬癸甲錄一卷	蘂珠舊史	道光十一年至十四年作

長安看花記一卷　道光十七年作　蘂珠舊史
丁年玉筍志一卷　道光十七年作　蘂珠舊史
夢華瑣簿一卷　道光二十二年作　蘂珠舊史
曇波一卷　咸豐二年作　四不頭陀
法嬰秘笈一卷　咸豐五年作　雙影盦生
明僮合錄二卷　同治六年作　餘不鈞徒殿春生
增補菊部羣英一卷　同治十年作一名群芳小集　麋月樓主
評花新譜一卷　同治十一年作　藝蘭生
懷芳記一卷　光緒二年作　蘿摩庵老人
側帽餘譚一卷　光緒四年作　苕溪藝蘭生
菊臺集秀錄一卷　光緒十二年作　佚名
新刊菊臺集秀錄一卷　待考　佚名
瑤臺小錄一卷　光緒十六年作　王韜
情天外史二卷　光緒二十一年作　佚名
越縵堂菊話一卷　李慈銘
異伶傳一卷　陳澹然

哭庵賞菊詩一卷　易順鼎
鞠部叢譚一卷　羅癭公
宣南零夢錄一卷　沈太侔
梨園舊話一卷　倦遊逸叟
梨園軼聞一卷　許九埜
舊劇叢譚一卷　陳彥衡
北京梨園掌故長編一卷　張江裁
北京梨園金石文字錄一卷　張江裁

首先，我們從各類文字的命名就可窺出「伶人如花」的內涵，基本上作者也是從這樣的態度出發的。再檢點其中的內容，或爲筆記日記形式，而敍以戲劇動態，伶人交往，乃至戲劇見解，也或爲詩爲文，贈予伶人其一，爲之立傳其二，哀悼旣逝其三。茲各取一二，援爲例證，以便瞭解。

金臺殘淚記卷三提到幼童買賣爲伶的情形：

「自己已至今，爲日幾何？人心風俗轉變若此，靑薌言其離家亦九歲，其父引至閶門茶園，其師先在，出十數緡署劵卽行，不以別母，心嘗惘惘然。」

越縵堂蘭話記載開伶人的交遊情狀：

「七月初十日，戊申，晡後出，赴飮，招芷秋，久不至，及罷酒始來。予頗怪之，略不顧接。芷秋掩抑通辭，玉容寂寞，告予以「頃飲，龍樹寺見君。一紙卽驅車歸道，濟行又不得速。甫及家，聞君車已駕，亟踉踉來。」因舉屨跡予曰：「街泥已污絢矣。」予轉益憐之，與從容小坐而別。自惟此等嗔癡有何眞妄，顧眉間化佛，不離蕉樹之身，指上豎禪，未絕藕絲之痛。桃花有影，明月無香，帶水拖泥，只博合眼一笑而已。」

夢華瑣簿記敍劇場種種習俗：

「京城極重馬頭調，游俠子弟必習之，硜硜然斷斷然，幾與南北曲同，其傳授其調以三絃爲主，琵琶佐之……伶人序長幼，前輩后輩各以其師爲次，兄叔祖師，稱謂秩然，無敢紊者……」

或者發揮戲劇的見解，如舊劇叢譚之中：

「戲劇雖小道，亦美術之一種，學無淵源則根底不厚，識不廣博則成就不高，其理一也。」

又有贈伶人的詩作，這一類的作品最爲頻繁，幾遍於三十八種文集之中，就如評花新譜的題詞：

「一曲清歌譜綠腰，含情脈脈黯魂銷。干卿底事傷春甚？閒把箏琶慰寂寥。」（謂亦仙子儂輩）

也有替伶人立傳者，如異伶傳中敍述程長庚、簡三、譚鑫培、汪桂芬其人其事。

或者哀悼伶人辭世，如哭庵賞菊詩：

「舞台祇許拜驚鴻，曲巷何曾惹繫驄？生不肯行神女雨，死應化作美人虹。綠珠此日樓眞墜，藍玉前朝獄頗同。甘殉痴情隨艷鬼，紅梅閣與紫霞宮。」（悼女伶金玉蘭）

其中最不堪者，也就是鄭氏極力撻伐的「變態性欲的描寫與歌頌」，譬如哭庵賞菊時的「鮮靈芝曲」：

「……梅蘭芳與喜奎比，喜奎恰是好女兒，蘭芳仍是美男子，尤物群推金玉蘭，明媚巧笑藝尤婦，玉蘭片亦稱珍味，不及靈芝分外鮮……靈芝專喉音肌肉眞嬌嫩，百媚千嬌……但道丁靈芝可殺，喪盡良心害世人，占來瑣骨欺菩薩，柔鄉拚讓與丁郎，我已無心老是鄉，天公不斷生尤物，莫恨丁郎恨玉皇。」

像這樣的伶人形象，已經被蹂躪得體無完膚，甚至還不及野草閑花一朵呢！而文人的墮落，也恐怕莫甚於此吧！

從舞台看人生，從伶人文學看山河與歲月，清代燕都的梨園確實是朽壞不堪了，而人心的萎靡更預告了帝國的傾圮，也無怪革命的呼聲四起，從政治到文化，無一不呈現一觸卽發的沸沸揚揚，再回首所來，從太史公的滑稽，到晚清梨園的衆香群艷，竟也忽忽兩千年，而不論是傀儡，或是花朵，如此變貌，多少也是如戲人生的一情一景吧！

注釋

①以上係筆者據史記滑稽列傳中有關優旃的部份事蹟敷演鋪敘而成，期以戲劇性的表現來突出「優」的形象及其在宮廷中的角色意義。

②見阿英編「晚清文學叢鈔：小說戲曲研究卷」中華書局、一九六〇、頁十四。

③如托氏在該書十五章提到「傳染性是藝術的惟一標準……傳染性越強烈、藝術越好……」，中譯本由耿濟之譯，地平綫出版社，台北、民國五十九年，頁二〇八—二九〇。

第三章　兩處江南　一種情懷

—盛唐與晚明的伶人文學

一、杜甫・李龜年・公孫大娘

(1)落花時節又逢君

大曆五年，飄泊在南方多水的湘楚一帶，杜甫經歷了他生命裏最後一個花季。

風景屬於江南，時節正值花落，而最主要的是那歌聲，那歌聲來自年邁的李龜年（李龜年，當年梨園裏最爲嘹亮美麗的聲音），音樂依稀，歌聲髣髴；祇是，時移了，世易了，再回首顧盼，却發現彼此的風霜與疲憊，原來兩人都扮演著淪落天涯的倦客呢！再見龜年，杜甫的心境能不陷入了往日的惜取嘛？他會想起遙遠的北國吧！那時才十四五呢，寄居在洛城的姑母家。孩時多病，好心的姑母聽取算命女巫的建議，將自己安置在家宅的東南角隅，果然一株幼苗從此保全下來，倒是折騰姑媽親生的孩子，竟然早早夭亡了。雖然體質稍嫌孱弱，但是少年的意氣飛揚奔放，在翰墨間開出早熟的花朵，惹得文壇的先進們又驚又喜，不免寵愛有加起來。於是小小年紀，也儼然往來於詩人的雅集之中（見壯遊詩）。最難忘懷岐王李範、寵臣崔滌宅邸的疾管繁絃，風雲薈萃，那眞是極其壯濶的背景，兼容許多的才華俊彥，更並蓄各色的風土文物。年輕的心懷經由這樣風候的吹拂，怎能不昂然偉岸起來呢？而李龜年，李龜年的歌唱和觱篥就是在那樣繁華繽紛間譜入了自己少年的心聲裏。現在想想，那或許不僅止於自己少年心聲裏最亮麗的音符吧！恐怕整個開元天寶的盛世，都化作龜年絕代風華的才藝了。再見龜年，喪亂悲歡，算是備嘗人間的諸般艱辛了，而可堪惆悵的又豈僅是個人歲華的凋零呢？開元在哪兒？天寶在哪兒？湘楚的水鄉原就充滿歷史的喟歎，雖然落花未減風景的嫵媚，雖然空氣浮動江南最美的訊息，但乍見盛世的才俊，久違的故人，杜甫還是要忍不住訴諸筆端的吟哦了：

岐王宅裏尋常見，崔九堂前幾度聞。
正是江南好風景，落花時節又逢君。
（江南逢李龜年）

也就在這一年一個四月的夜晚，詩人與音樂家相逢的潭州發生了兵變，湖南兵馬使臧玠率兵殺死潭州刺史兼湖南都團練觀察使崔瓘。身陷兵亂烽火之中，李龜年是否逃出了這一場浩劫？歷史上再也沒有記載。而杜甫呢？他畢竟不曾葉落歸根，甚至來不及等待另一個春天，就永遠客死異鄉了當然他有生之年是無法再睹盛唐的光輝重現。事實上，整個大唐帝國經過安史的兵變，已然欲振乏力，或者說，中華文物的粲然華美，也似乎是在盛唐展露最爲璀璨的芳華，自那以後，光景總不若彼時那般明媚耀眼了。如是，則李龜年的形象已不僅止於一名伶工而已，因爲江南的重逢，又喚醒了杜甫對整個盛世文物的意識情懷，那麼李龜年的歌聲豈不是盛世最後的遺音嘛？

關于李龜年的生平與才藝，根據唐鄭處晦（廷美）的明皇雜錄，段安節的樂府雜錄，以及楊太眞外傳，雲溪友議的零星記載，我們大致知道他是玄宗成立梨園的重要成員之一，他的才藝不僅止絕妙的聲樂，同時也嫻習觱篥與羯鼓，而他的音感尤爲敏銳，祇憑聽覺就可辨識出演奏樂器者的籍貫。而玄宗本來惜才，可想龜年是如何受寵。在東都的洛陽，擁有道通里的御賜宅第，玄宗去洛陽主持封禪，他也隨侍在側。當時梨園中卓越的演藝人員還有擅長舞蹈的新豐女伶謝阿蠻，精於舞劍器的公孫大娘，善弄滑稽的俳優高崔嵬，黃幡綽等人。至於梨園的創立，按唐書禮樂志是說玄宗「既知音律，又酷愛法曲，選坐部伎子弟三百，教于梨園，聲有誤者，帝必覺而正之，號皇帝梨園弟子，宮女數百亦爲梨園弟子，居宜春北院。」開元二年，玄宗以「太常禮樂之司不應典優倡雜樂，乃更置左右教坊，以教俗樂……又選樂工數百人，自教法曲於梨園」。梨園的創建無異是民間歌舞演藝的制度化，合法化，並顯示出玄宗對這方面的推展不遺餘力，務求「俗樂」亦能得到「正統」的輔佐與涵容，這樣的見解與魄力，即令以現代的尺度去衡量，也是極其開明健康與前進的。因此之故，盛唐所綻放的藝文英華又豈止是詩篇，是繪畫，是雕塑，是建築…？這些都祇是較易存留的空間藝術罷了，其他還有火花一般迸放並流逝的時間藝術，像舞蹈，像技藝，像戲劇，像音樂。在這種情形之下，杜甫在兵變之後所寫有關演藝人員的詩篇也就分外值得推敲究竟一番了。

(2)絳脣朱袖兩寂寞

從情懷的傷逝感舊來看，「江南逢李龜年」、「觀公孫大娘弟子舞劍器行」以及「韋諷錄事宅觀曹將軍畫馬圖歌」這三首詩作確有其雷同一致之處，尤其是前二者，黃白山就以為是「同意，今昔盛衰之感，言外黯然」（見杜詩鏡銓）。舞劍器行是大曆二年，杜甫在夔州看見臨潁李十二娘舞劍器，先是壯其蔚跂，繼而知悉李乃公孫之徒，回首前瞻，遂不能不感，不能不歎而援引為詩，祇是「江南逢李龜年」的表現似乎更接近「也無風雨也無晴」的平靜，而舞劍器行仍多激楚語。在李十二娘的舞影裡，杜甫回到了童年，依稀看見了公孫大娘的剛健嫵媚，雄姿姸妙，然後他想起了梨園，梨園創始的聖文神武皇帝，又想起當年草聖張旭就因為觀舞而啓迪了對書法的神會，而這些，包括了公孫大娘、明皇、張旭，（甚至杜甫自己吧！）不都是昔日尊榮的本身嗎？見到李十二娘能薪傳公孫大娘舞藝的火炬，這不絕如縷的文化脉搏確實是讓人欣慰的——絳唇朱袖兩寂莫，晚有弟子傳芬芳。但是觀於海者難為水，登罷五嶽歸來的器識是瞻彼四方、頂天立地的恢宏，那小小的喜悅與激動瞬息被更大的波濤吞沒了，杜甫又不能不想起曾經親身履歷的極盛與光輝，於是感時傷懷如亂石崩雲，如驚濤裂岸，捲起杜甫千聲的喟嘆——臨潁美人在白帝，妙舞此曲神揚揚。與予問答既有以，感時撫事增惋傷。先帝侍女八千人，公孫劍器初第一。五十年間似反掌，風塵澒洞昏王室。梨園弟子散如烟，女樂餘姿映寒日。金粟堆前木已拱，瞿塘石城草蕭瑟。玳筵急管曲復終，樂極哀來月東出。老夫不知其所往，足繭荒山轉愁疾。

⑶龍媒盡去鳥呼風

從臨潁到白帝，從洛陽到江南，從開元到大曆，杜甫強烈的時空意識就流露出來了。其實離亂板蕩，個人的倖存幾乎是偶然的因緣，杜甫心心念念的雖然難免身世飄零的哀惋傷痛，但突然從疾管繁絃的喧鬧走入了蕭瑟荒涼之中，或是從紅豆相思，清風明月的殷勤歌唱裡走進了一種無晴無雨的藹然情境（雲溪友議謂：龜年曾於湘中採訪使筵上唱紅豆生南國，又曰「清風明月苦相思，蕩子從戎十載餘，征人去日殷勤囑，歸屬來時數附書」），恐怕整個時代的巨大創傷才是他眞眞難以釋然的。試看他較早的畫馬圖歌，那九馬的神駿毋寧是龍的媒介（龍媒固然是馬，但何嘗不是思及聖主的觸媒呢？）從藝術的馬匹想到血肉的馬匹，又從血肉的馬匹想到當年天子的巡幸，而這一切的壯濶雄威，都徒然賸下陵寢前的一片松嘯柏吟，在無奈的風裡，鳥兒切切的啼喚——

憶昔巡幸新豐京，翠華拂天來向東。騰驤磊落三萬匹，皆與此圖筋骨同。自從獻寶朝河宗，無復射蛟江水中，君不見金粟堆前松柏裡，龍媒盡去鳥呼風。

這一份感懷和舞劍器行的「女樂餘姿映日寒，金粟堆前木已拱」，都是哀文物的衰颯荒涼哪！在杜詩豐贍多樣性的世界，這種藉藝人而哀悼時局文化的詩作雖然在比例上不算多，但對後世詩歌的創作，却是極具啓迪開山的意義。後村詩話即是將舞劍器行與白居易「琵琶行」相提並論，說是前者如「壯士軒昂赴戰場」，後者如「兒女思怨相爾汝」。姑不論此二者在美的意識中流露的是陽剛或陰柔。這其中的分野可能還是在於詩人文化襟度與關懷層面的寬廣狹隘，前者有幾分類似孔子哀悼禮樂的崩壞，是儒家聖主明君的理想色彩。而後者則多少拘囿在個人的騰達高舉，自我意識的流露恐要高出文化治世的期許，這情形或者可以李後主「浪淘沙」與宋徽宗「燕山亭」（北行見杏花）的作品來比擬。王國維以爲「簾外雨潺潺，春意闌珊，羅衾不耐五更寒。夢裡不知身是客，一晌貪歡。　獨自莫凭欄，無限江山，別時容易見時難。流水落花春去也，天上人間。」是儼然有「釋迦基督擔荷人類罪惡之意」，而「裁翦冰綃，輕疊數重，淡著臙脂勻注，新樣靚妝，艷溢香融，羞煞蕊珠宮女。易得凋零，更多少無情風雨、愁苦，閒院落淒涼。幾番春暮。　憑寄離恨重重，這雙燕何曾，會人言語？天遙地遠，萬水千山，知他故宮何處，怎不思量？除夢裏有時曾去，無據，和夢也新來不做」却「不過自道身世之感」兩者之間「大小固不同矣。」（人間詞話卷上）。當然「琵琶行」之於「舞劍器行」倒也不如「燕山亭」之於「浪淘沙」那般不堪。但是杜甫借演藝人員而抒寫他對泱泱大風的追思，則無疑新闢蹊徑，試看近者如劉禹錫、孟郊：

與歌者何戡　劉禹錫

二十餘年別帝京，重聞天樂不勝情，舊人唯有何戡在，更與殷勤唱渭城。

教坊歌兒　孟郊

十歲小小兒，能歌得聞天。六十孤老人，能詩獨臨川。去年西京寺，衆伶集講筵。能嘶竹枝詞，供養繩牀禪。能詩不如歌，悵然三百篇。

劉禹錫筆下的何戡恍若當年浪跡天涯的李龜年，也多少是沒落與式微之情的化身。而孟郊的這首，對於教坊的俗腔野調並不苟同，好像還心存幾分質疑與嘲弄，和杜、劉的心情倒不相屬。但當我們再向更深遠的歷史望去，遂驚覺這份傷時感舊的情懷，是如何瀰漫於晚明早淸文士們對歌聲舞影的吟哦中，公孫大娘，李龜年影影綽綽，髣髴當年寄寓於他們才藝的感喟抒懷，又重新在秦淮的水樹樓台裡大大醒覺起來。當然此時文士的贈伶之作，無論在格局與器識上都無法超越杜甫，這又是事實之顯而易見者，就無須贅言了。

二、杜鵑失鄉　梅村泣血

從戲曲發展的史實來看，晚明早淸盛行的崑腔該是具有特殊突破的意義，它無疑已走入了文人的喜悅與創作中，也就是盧前氏在明淸戲曲史中所說的「幸有崑腔，使元賢之曲不隨樂譜以廢，魏梁之功，誠不可沒，然曲之文章，從此闒草，無復蒜酪之氣，自然人力，迥乎不侔」。因著此，優伶和文士之間的關係顯然要更為密切與友善，當然前者的社會地位也無形提高了一些，這是名家詩文裡所反應出來的現象。而就這類作品的質與量而言，吳偉業（梅村）在耕耘與收獲間是相當豐碩的一位。

吳偉業改朝換代的經歷，帶給他無限的痛苦，一方面對故國先朝滿懷眷戀與憑弔之情，一方面對自己的仕淸不能不引為憾恨歉疚，這樣衝突矛盾的心情就造成他在文學作品中的動人力量。他的過淮陰詩「浮生所欠只一死，塵世無繇識九還。我本淮王舊鷄犬，不隨仙去落人間」，弔侯方域詩「死生總負侯嬴諾，欲滴椒漿淚滿尊。」臨終遺言之「吾死後，斂以僧裝，葬吾鄧尉靈岩相近，墓前立一圓石，題曰：『詩人吳梅村之墓』。」甚至「臨春閣」、「通天臺」的雜劇，也是「身經亡國之痛，無所洩其幽憤，不得以乃借古人之酒杯，澆自己之塊壘，其用心苦矣」（鄭振鐸通天臺北曲二折跋）。四庫提要稱他「遭逢喪亂閱歷興亡，風骨彌爲遒上」，認爲他暮年蕭瑟類似庾信，格律本乎四傑，而情韻爲深，敍述類乎香山，而風華爲勝，其中歌行一體，尤爲擅長。以「詩史」而觀，他是繼杜甫，白居易後的巨匠。又因作圓圓曲刺三桂，並不以其權勢財賄所威逼利誘，所以也儼然詩史的董狐了。

在吳偉業的詩集中，取材優人優事的作品大抵有：

臨頓兒（五古）

聽女道士卞玉京彈琴歌

王郎曲

楚兩生行並序

臨淮老妓行

過錦樹林玉京道人墓並序

圓圓曲（以上七古）

臺城

贈武林李笠翁

觀蜀鵑啼劇有感四首並序（以上七律）

聽朱樂隆歌六首

楚雲八首

山塘重贈楚雲四首

贈妓朗圓

偶成二首

感舊

贈寇白門六首

口占蘇崑生四首

讀陳其年邗江白下新詞四首

題冒辟疆名姬董白小像八首並引

又題董君畫扇二首（以上五絕）

其實在以上所舉作品中，用較嚴格「伶人」的尺寸來看，像卞玉京、陳圓圓、楚雲、朗圓、寇白門，董小宛諸人並非純粹賴「藝」爲生的女伶，所以並不做進一步討論。其中楚兩生，即是當時蔡州蘇崑生，維揚柳敬亭二人，前者善歌；後者善談，也不是眞正扮演串戲的演員。但是因爲他們的才藝名重一時，而生涯不脫演藝，所以姑且納入範疇之中。

如前所言，偉業作品的背景音樂既是杜鵑失鄉泣血的哀鳴，所以他筆下的人物也帶著濃厚的家國之感，這是我們對他在伶人文學創作上的第一個基本體認，又因他以史筆寫詩，那麼人物就本乎事實，而這些人物確實也曾在政治舞台穿梭。就女性而言，常是兒女情長，與英雄抱負相互糾葛，譬如陳圓圓、董小宛的事蹟。就男性而言，蘇崑生與柳敬亭非等閒娛樂中人，他們具有高貴的節操與風骨。當然，吳偉業也有較爲輕鬆的一面，像他對楚雲、朗圓的感情，就祇是文人的賞悅而已。除了上述一般熟知的特色外，吳偉業也確實爲當時純粹的伶人舊像，就像他筆下的臨頓兒、王郎。

⑴臨頓兒、王郎曲的社會關懷

臨頓兒祇是吳地臨頓里一個無名的年輕伶人，祇因父親欠負官錢，所以幼小的他在倉促間被賣至歌舞場中。雖然華燈弦歌，也極得恩寵賞愛，但這小小孤苦的伶人還是渴望骨肉家鄉的團聚與一份平凡眞實的感情生活。這是吳偉業對伶人深切的同情，其中但見社會的關懷，親情的期盼，有異於他其他家國哀痛的作品——

臨頓誰家兒？生小矜白皙。阿爺負官錢，棄置何倉卒？給我適誰家？朱門臨廣陌。囑儂且好住，跳弄無知識。獨怪臨去時，摩首如憐惜。三年教歌舞，萬里離親戚。絕伎逢侯王，寵異施恩澤。高堂紅氍毹，華燈布瑤席。授以紫檀槽，吹以白玉笛。文錦縫我衣，珍珠裝我額。瑟瑟珊瑚枝，曲罷恣狼藉。我本貧家子，邂逅遭抛擲。一身被驅使，兩口無消息。縱賞千黃金，莫救餓死骨。歡樂居它鄉，骨肉誠何益。

王郎曲中的王紫稼則是當時著名的伶人，紅極一時，尤侗艮齋雜記，龔鼎孳的詩作都曾出現他風靡群衆的記錄，而吳氏筆下的王郎除了他特殊冶艷的造型，驚人的舞台表演外，不無對他十五至三十歲月中演藝生涯的歎息，一方面王郎的顛倒衆生，是與他婀娜儇巧的女性氣質息息相關，這多少顯示被玩弄的病態心理，而他又因盛名之故，車水馬龍不斷，至於生活的閒適優遊反而是奢侈難求，吳偉業就這一點做了輕微的感慨：

王郎十五吳趨坊，覆額青絲白晳長。孝穆園亭常置酒，風流前輩醉人狂。同伴李生柘枝鼓，結束新翻善財舞。鏁骨觀音變現身，反腰貼地蓮花吐。蓮花婀娜不禁風，一斛珠傾宛轉中。此際可憐明月夜，此時脆管出簾櫳。王郎水調歌緩緩，新鶯嘹嚦花枝暖。慣抛斜袖卸長肩，眼看欲化愁應嬾。摧藏掩抑未分明，拍數移來發曼聲。最是轉喉偷入破，滯人腸斷臉波橫。十年芳草長洲綠。主人池館惟喬木。王郎三十長安城，老大傷心故園曲。誰知顏色更美好，瞳神翦水淸如玉，五陵俠少豪華子。甘心欲爲王郎死，寧失尙書期，恐見王郎遲。寧犯金吾夜。難得王郎暇。坐中莫禁狂呼客，王郎一聲聲頓息。移牀欹坐看王郎，都似與郎不相識。往昔京師稱小宋，外戚田家舊供奉。只今重聽王郎歌，不須重把昭文痛。時世工彈白翎雀，婆羅門舞龜茲樂。梨園子弟愛傳頭，請事王郎教絃索。恥向王門作伎兒，博徒酒伴貪歡謔。君不見康崑崙。黃旛綽，承恩白首華淸閣。古來絕藝當通都，盛名肯放優閒多。王郎王郎奈爾何！

⑵江南好？秣陵歎！

臨頓兒與王郎曲中伶人的社會色彩較爲濃郁，而臺城以及「觀蜀鵑啼劇有感」則充分流露出他感時憂國的情懷。臺城是寫歷史的滄桑，金川事去家還在，卻是「玉樹歌殘恨未休」，而秦淮一片可憐的月色，原曾照臨降將的旛旗飄揚石間呵——

形勝當年百戰收，子孫容易失神州。金川事去家還在，玉樹歌殘恨未休。徐鄧功勳誰甲第，方黃骸骨總荒丘。可憐一片秦淮月，曾照降旛出石頭。

至於「觀蜀鵑啼劇有感」就眞眞是杜鵑泣血的傷國悼亡了。蜀鵑啼是丘園（字嶼雪）爲詩人之兄志衍所寫劇本。但志衍身殉蜀地，詩人深深哀痛手足之情，雖然已過哀樂中年，但是歌聲戲文，怎不令人長思親友故舊呢？春色徒然美好，花木兀自明媚，杜鵑的啼喚一聲比一聲淒切，舞台的人生，人生的花季，對於一個一無所有，國破家亡的傷心之人又是怎樣的難堪呵！

其一

花發春江望眼空，杜鵑聲切畫簾通。親朋形影燈前月，家國音書笛裏風。百口悔教從鳥道，一官催去墮蠶叢。雪山盜賊今何處，腸斷空侯曲未終。

其二

江關蕭瑟片帆留，策馬俄成萬里遊。失計未能全愛子，端居何用覓封侯。雲山已斷中宵夢，紘管猶開舊日樓。二月東風歌水調，脊令原上使人愁。

其三

平生兄弟劇流連，高會南樓盡少年。往事酒杯來夢裏，新聲歌板出花前。青城道士看游戲，白髮衰翁漫放顛。雙淚正垂俄一笑，認君眞已作神仙。

其四

過盡蠻江與瘴河，還家有弟脫兵戈。狂從劇孟千場博，老愛優旃一曲歌。紅豆花開聲宛轉，綠楊枝動舞婆娑。不堪唱徹關山調，血汚遊魂可奈何。

「觀蜀鵑啼劇」這一單元詩作的情緒是激越苦楚乃至蒼涼無奈，而吳氏在另一組「望江南」的詞作中，却是以較爲和緩平靜的口氣娓娓道出劇場演員的千情萬態，這些都是江南諸般景緻的一種。在十七首有關風土文物掌故的敍述裡，伶人劇場的就有四首之多，可見江南戲劇風氣之盛了！

江南好，茶館客分棚，走馬布簾開瓦肆，博羊餳鼓賣山亭，傀儡弄參軍。

江南好，皓月石場歌，一曲輕圓同伴少，十反麤細聽人多，絃索應雲鑼。

江南好，狎客阿儂喬，趙鬼揶揄工調笑，郭尖儇巧善詼嘲，幡綽小兒曹。

江南好，舊曲話湘蘭，薛素彈丸豪士戲，王微書卷道人看，一樹柳摧殘。

當悽愴悲涼的聲調隱去後，伶人與劇場就如風物一般，是江南山水民情的一部份，帶有觀光旅遊的趣味。當然晚明的江南在地理上並不同於杜甫重逢李龜年的江南。前者是「三秋桂子，十里荷花」

的東南形勝，三吳都會，後者則是當年襄王遷屈原的江湘之間。前者往往關繫物阜民豐、歌舞昇平的聯想。但是這種太平色彩的江南歌舞，也就是「望江南」的情調，在吳氏作品裡並不常見。蜀鵑啼的觀後感是那般摧肝斷腸的傷慟，而秣陵春的演出也能觸動詩人愁腸，於是寫下「金人捧露盤」：

> 記當年，曾供奉，舊霓裳。歎茂陵，遺事淒涼。酒旗戲鼓，買花簪帽一春狂。綠楊池館逢高會，身在他鄉。　喜新詞，初塡舊，無限恨，斷人腸。爲知音，仔細思量，偷聲減字，畫堂高燭弄絲簧。夜深風月催檀板，顧曲周郎。

因爲時代空氣的薰陶，在戲曲王朝的晚明早清，演藝人員頻繁出現於文人名士的詩文作品已蔚爲成風，在前面我們已提過了王紫稼，臨頓一伶人，蘇崑生，柳敬亭諸人。其中柳敬亭是特別邀寵的一位，吳偉業不僅爲他作詩，還爲他立傳，寫贊。當時柳的說書堪稱一絕，張岱在「陶庵夢憶」就特別加以描摹，而孔尚任的桃花扇傳奇也爲柳敬亭留下一席之地。柳敬亭在幾番筆墨渲染後，已不是純粹以說談取勝的藝人了。吳氏在贈柳敬亭的「沁園春」裡特別賦予他一種佯狂而滑稽的智慧與情操，是淳于髡，東方朔，濟顛僧的生命情調。

> 客也何爲？十八之年，天涯放游。正高談拄頰，淳于曼倩，新知抵掌，劇孟曹丘，楚漢縱橫，陳隋游戲，舌在荒唐一笑收，誰眞假？笑儒生誑世，定本春秋。　眼中幾許王侯？記珠履、三千宴畫樓，歎優波歌舞，淒涼東市，征南士馬，慟哭南州。只有敬亭，依然此柳，雨打風吹絮滿頭。關心處，且追陪少壯，莫話閒愁。

三、粹然純伶，新歌舊院

以吳氏筆下優人優事的作品爲例，我們大致可以將晚明早清的伶人文學歸結爲：第一、或爲當時伶人單獨立傳，寫詩。這種情形是有別於唐宋以來的筆記，如酉陽雜俎、夢粱錄，或淸之揚州畫舫錄。因爲這些伶人和詩人大致有極密切的私人交誼，另外他們是以個別姿態出現於文學作品之中，和私家雜著文獻的群體報導不相類似。後者客觀性，歷史趣味較濃，而前者的主觀性與抒情性質爲其特色。舉例來說：

⑴馬錦與金德輝的演藝生涯

侯方域：馬伶傳、李姬傳，

龔自珍：書金伶

其中李姬傳是記名妓李香事略，文中特別強調她的俠情與歌藝，並敍述她與侯方域之間的一段情緣，字裡行間但見眞摯與莊嚴，並無一般文人狎戲的習氣。因爲歌妓與女伶畢竟有所差距分野，不能以純正的伶人文學觀之，也就點到爲止，聊備一格。至於馬伶傳，是記載一位來自西域的回人馬錦的演藝生涯，重點在於他對戲劇藝術的不懈追求，文中並反應出當時劇場強烈競爭的實況。東肆興化部的馬伶與西肆華林部的李伶互打擂台，馬伶在這次競賽中屈於下風，遂悄然遁去。當時舞台扮演乃嚴嵩論河套事，馬伶爲雪奇恥，不惜走訪當時崑山相國顧秉謙，甘心侍其門下整整三年，凡事亦步亦趨，細細觀察其擧止言行，祇因爲顧與「嚴相國儔也」。三年以後，這份琢磨的工夫畢竟顯現功力，馬伶再度贏得勝利。侯方域筆下的馬錦堪稱「粹然純伶」，他對演藝生涯的一往情深似乎不羼其他現實功利因素，祇是出於一種職業的尊榮吧！而侯方域的寫作也不含任何政教或狎暱色彩，這毋寧是清新可喜的藝術表現。

龔自珍書寫的伶人金德輝又顯示出藝術情境的另一道難題，這是亘古以來的爭執——陽春白雪與下里巴人的雅俗之辯。金德輝的劇藝出自鈕非石，鈕非石出於吳中葉氏，葉氏最大之長在於能知雅俗的關鍵。起初金自以爲成名，不免自喜，而老師鈕氏暗暗告戒其藝並未臻至境，於是更授哀秘之聲，然而極其可笑的是：當德輝眞正學藝有成，示於大庭廣衆時，却落得曲未終而客盡散的奚落，此時鈕師才悔恨——「技之上者，不可習也。吾誤子，子幸韜之，而省其中。」而德輝也有悔意，從此焚譜，祇求中人之境，而遂以此致富，且獲美譽以終。龔自珍雖然對「曲高和寡」的現象並未直接評論，但他之特意書寫金伶德輝，多少是悵悵於藝術鑑賞的不可思議吧！

第二、或取材於戲劇活動而吟哦於詩篇之中，譬如：

錢謙益：虎丘贈題似虞周翁（五古）

長干行（七古）

冬夜觀劇爲徐二爾從作（七古）

這三首作品中，前二者以翫月賞花爲出發，未有發明創新或其他深刻寓意。而第三首「觀劇」與前舉吳氏觀劇所獲的感覺啓示也大相逕庭。錢氏特別着重舞藝絲竹、肢體運作的描摹，而不免歸結於酒酣耳熱的歡情，「觀望狎賞」的成份旣重，當然就不及吳氏懷抱鬱鬱的哀音來得感人。

⑵千載嗚咽的秦淮水

第三，以歌臺舞榭的風景寄寓滄桑的感懷。譬如王士禎的秦淮雜詩十四首，秦淮泛月宿青溪有寄二首。一如吳偉業的「臺城」，秦淮的風月不單純是山水風景而已，它也是歷史的座標，浮沉着興亡的悲慟！

新歌細字寫冰紈，小部君王帶笑看，千載秦淮嗚咽水，不應祇恨孔都官。

舊院風流數頓楊，梁園往事淚沾裳，樽前白髮談天寶，零落人間脫十娘。

在山水迍邅的巴蜀，在朝雲暮雨的湘楚，在江山如畫的秦淮，今古異代的詩人，却同懷黍離麥秀之情。祇是觸及他們情感纖維的不再是廟堂雅樂、告朔餼羊、文武周公，當公孫大娘、李十二娘、李龜年、柳敬亭，脫十娘開始擔荷起詩人文士的無限感懷時，我們遂知他們在伶人的生命裏，又輸入另一種血輪了。

四、一個愛與美的故事

——張岱與伶人

從杜甫與李龜年重逢江南出發，我們也進入了吳偉業、王士禎的江南，並看出兩地江南的橋樑實基礎於對梨園相似的情懷上。以上諸人誠然對伶人的文學生命具有女媧摶泥般的意義；而晚明文士中的張岱（無巧不成書，他出身浙東大族，足跡也多限於江南的江浙一帶）較諸上述吳、王、冒、龔、錢等輩，又有更值得我們重視之處。

(1)亦師亦友的感情聯繫

首先，張岱與戲劇的血緣至爲濃粘密切，這是來自張氏家族的傳統，自幼他的生活就與戲劇呼吸相通，從他「瑯嬛文集」家傳中，我們得知他的曾祖元汴先生和徐渭同鄉，曾爲徐氏殺妻入獄事，「百計出之」，因之徐氏在自訂年譜中將張氏曾祖元汴、祖父汝霖同列「紀恩」人物之內。而在「陶庵夢憶」的「張氏聲伎」條中，又說到祖父的交游，范長白、鄒愚公、黃貞父、包涵所諸位萬曆文士，皆是深研戲曲，其中鄒，黃二位和湯顯祖亦有深交，此外玉簪記的傳奇劇作者高濂也是他們飲食社的成員之一，以上是就張氏家族世誼交游往還的情形而言。而他們家族自祖父起就擁有自蓄戲班六個之多，這在他夢憶「張氏聲伎」條中有特別的敘述。因此張氏家族不僅與戲劇同好的友人往返頻繁，就是與職業的伶人也有主從密切的關聯，生長在這樣濃郁的戲劇雰圍裏，張岱對伶人的瞭解當然又要比上述詩家文人眞切許多。

其次，張岱本人與伶人們的感情是極其深厚而眞摯的。在「祭義伶文」中，他稱夏汝開爲義伶，曾先後爲他們父子安葬，又備糧糈，買棹歸航，護送汝開的寡母弟妹返鄉，並妥善照顧其弱妹婚嫁。當然在演藝的訓練方面，張氏毋寧是督教嚴格，但在生活的休閒調劑上，張氏卻常與家優們同存分享之心。冬季飄雪的月夜，他們共赴龍山賞雪，在月色與冰雪的皎潔寒冽裏，舉觥唱奏，那情懷溫熱而激越，女伶馬小卿和潘小妃竟然淘氣率性得相互擁抱，從百步街一直滾到山趾，最後浴雪而立。（見夢憶「龍山雪」條）在秋意濃厚的十月，豪情卻細緻的主人又和多才多藝的伶人去不繫園看紅葉，定香橋邊三絃洞簫，村落小歌，竹節劍舞，那種璀璨鬧熱，怕是把滿園紅葉的氣勢都壓下去了吧！（見夢憶，「不繫園」條）中秋節後路過金山寺，突然興緻來潮，就在大殿掌起燈火唱將起來，而喧闐鑼鼓驚醒寺僧，他們在錯愕中張嘴伸欠，噴嚏笑聲中不能遏止，却茫然不知演戲者是何方神聖，直至東方既白，張氏一行唱罷離去時，寺裏的主人在目送之際，猶兀自詫異，不知是人是鬼，是夢是眞呢！（見夢憶「金山夜戲」條）曾經在彼此的生命裏相屬如此之深，以這樣眞摯濃厚的感情爲基礎，張岱筆下的伶人自然是見情見性，栩栩如生了。

⑵寬廣的藝術襟懷

再其次，張岱的藝術襟度是極其寬廣的，他有一顆相當開明而無偏見的心靈。在他陶庵夢憶一百廿三篇的小品文中，除了四分之一有關戲劇的話題外，還有對其他藝術的看法。他對於一般民間的手工藝和藝人相當尊重且能欣賞，他並不以為竹漆銅窯不能與縉紳先生列坐，因為「天下何物不足以貴人，特人自賤爾」（見「諸工」條）有些民間藝術家不僅身懷絕技，而且具有高貴情操。他以為這種絕技是「近乎道」，自有其莊嚴崇高，像是「吳中絕技」條的陸子岡治玉，鮑天成治犀，周柱治嵌鑲。又像「柳敬亭說書」條的南京柳麻子「入情入理、入筋入骨」，眞是引人入勝。而「濮仲謙雕刻」條，則刻劃一位「古貌古心」看似「粥粥若無能」，實則「巧奪天工」的民間藝術家形象。甚至對於廣陵二十四橋的風月女子，張岱與「板橋雜記」余懷的論調就有着同情與閒情的不同，雖然一樣具有翔實報導傳眞性，但余懷之感在於「鼎革以來，時移物換十年舊夢，依約揚州；一片歌場，鞠花茂草。紅牙碧串，妙舞清歌，不可得而聞也；洞房綺疏，湘簾繡幕，不可得而見也；名花瑤草，錦瑟犀毗，不可得而賞也。間亦過之，蒿藜滿眼，樓館刼灰，美人塵土，盛衰感慨，豈有復過此者乎？」（板橋雜記序）而張岱却能洞悉皮肉生活的辛酸：「沉沉二漏，燈燭將爐，茶館黑魆無人聲。茶博士不好請出，惟作呵欠，而諸妓醵錢，向茶博士買燭寸許，以待遲客。或發嬌聲，唱劈破玉等小詞，或自相謔浪嘻笑，故作熱鬧，以亂時候。然笑言啞啞聲中，漸帶凄楚，夜分不得不去，悄然暗摸如鬼，見老鴇受餓受咎，俱不可知矣！」（陶庵夢憶「二十四橋風月」條）至於張岱對戲劇的看法也比一般晚明早清的學者要寬容些。他並不排斥崑腔以外的戲劇，而李漁焦循便不然了，李漁自謂「平生最恨弋陽四平等劇」（見「閒情偶寄」音律篇），而焦循竟然不以眞名發表他對論地方戲劇的著作「花部農談」（他署名「花部老農」）。因爲胸襟的寬廣，心靈的視野自然也就爲之一擴，下筆因而可以較爲無拘無礙，這些都是張岱所以能取勝之處。

在張岱流傳「陶庵夢憶」、「西湖夢尋」和「瑯嬛文集」中，以「陶庵夢憶」涉及伶人戲曲的爲最多，一百廿三篇中佔了四分之一的篇幅。他在「自爲墓誌銘」（見瑯嬛文集）說自己誕生於萬曆二十五年丁酉。而明亡於崇禎甲辰，那時他該是四十八歲。張岱的情性，原是敏感而細緻，熱情而任性，對於生活的品味極具精緻的賞鑑能力，對生命的興緻恒是朝氣蓬勃。明亡以前，他固然「生長王謝，頗事豪華」，而一旦「國破家亡，無所歸止」，倒也能糲藿爲食，石塊爲枕，粗葛爲衣，破甕爲牖，視寂寞與繁華爲一物，依然矜貴持重，夭夭申申，雍容自得，斷不至窮斯濫矣。這種情性，這種氣質，終於使他在極艱辛極孤獨的暮年，猶能懷抱着純眞與夢境，了却平生的心願，替自己留下少年的繽紛—陶庵夢憶，也替淪亡的故國留下史學的著作—石匱書，後來這書被浙江提學史谷應泰買去，作爲「明紀事本末」的底本。

(3)從舞台成就出發

至少有四位伶人，經由張岱筆墨的塑造，而呈展他們獨立而完整的藝術形象。其實張岱祇是以簡潔散文稍事鈎勒，但因爲他掌握了最爲機要的鑰匙，所以他們竟是「呼之欲出」的鮮活。除了「修辭立其誠」的眞摯深情外，張岱是從伶人的藝術情操與德行脾性入手，而這些伶人本是組成張岱夢境的元素，是舊時呼吸的空氣，脉搏的跳動，血液的循環，這樣密切的關係是以前文人與伶人所不曾建立的，所以我們特別容易被感動。根據賴特氏在其「現代劇場藝術」①一書中，所拈出演員「表演領域」，包括第一：技巧的（身體的）領域，第二：心智的（知性的）領域，第三：情感的（靈性的）領域。其中身體領域的素材是最基礎的，一如學習音樂，必先學習音階，這包括演員在舞台上的動作方式，以及換氣，發聲訓練和表達，這些是演員最基本的課題，也唯有在這些運用自如後，他才能從容在觀衆面前支配自己。第二個領域涉及演員揣摩自己的方法，他必須先從各個角度分析所飾演的人物，然後再栩栩如生地表達出來，能夠精通却無法超越第一第二領域是一般演員的困境，通常他們雖然「優秀」，但通常祇能滯留於「匠人」之境，至若「偉大演員」則無幾無望矣。第三個，也是最重要的表演領域——情感（靈性）。這樣的領域能否透過傳授而獲致，還未成定論呢！這種屬靈的至境，也許祇是瞬息，也許在舞台上僅僅作用於一名演員身上，然而就單純是這樣，整個表演藝術的創造層面已然提昇，這個時刻，觀衆會感覺一種特殊的愉悅與興奮。在劇場裡，這應該是最爲美妙的經驗。約翰布朗以爲「僅有少數稀世之寶才是他們那一行的頂尖兒，他們主要的天賦是表演自己；讓自己的心境去適應所扮演之角色的心境，去攫住所表達之角色，而後溶於其中；讓他們的美貌，聰明，同情，技巧、感情、內在的光彩，想像力及魅力去豐富所飾演之角色」②。

做爲從事演藝的伶人，張岱筆下的阿寶，朱楚生，彭天錫，夏汝開都是經過極嚴格的訓練，而且滿懷敬業的熱誠，至少在第一個領域，也就是屬於身體方面的技巧，絕對是勝任愉快的。這四人之中，阿寶是友人祁止祥所深寵的家伶，「止祥精音律，咬釘嚼鐵，一字百磨，口口親授，阿寶輩皆能曲通主意」。而女伶朱楚生尤係「調腔」演唱中的翹楚，所唱謂「調腔」，在張岱的戲劇觀念中，是與被稱爲「本腔」的崑腔相對。清姚燮「今樂考證」引夢癮之文，說越東人稱弋陽腔爲「調腔」，而越東腔就是現在被一般稱做的紹興大戲，確屬弋腔系統，不用伴奏，而以齊唱幫腔，可謂相當原始而質樸的民間戲曲，然而楚生所演習的「調腔」音律相當考究，或者並不與原始質樸的越東腔類屬。姑且不論這些，楚生調腔戲的「科白之妙，有本腔不能得其十分之一者」，而彼所演出「江天暮雪」、「霄光劍」、「畫中人」等戲，雖然是崑山老敎師細細揣摩，也斷斷不能有絲毫超越。這樣精湛而優秀的表現，當然其來有自，這是楚生時常與四明姚益城切磋琢磨之果，因此才能「妙入情理」。此外，對於配角的選擇，這位敬業的女伶也是相當的嚴格，以是，方可成就其戲班「愈妙」的美名。再看彭天錫吧！彭天錫對於戲劇的研習可謂全力以赴，經常爲了學一齣戲，而延請敎師到家敎授，費數十金，自此「家業十萬，緣手而盡」。至於舞台的成就，天錫最長於扮丑淨，對反派人物的揣摩已臻化境，「千古之姦雄佞倖，經天錫之心肝而愈狠，借天錫之面目而愈刁，出天錫之口角而愈險」，天錫掌握了劇中人物的心理情緒（心肝），形象風貌（面目），以及音色語言（口角），自然才有如此豐繁的碩果。若以前面所提三個領域而言，他似已跨越第一的身體以及第二的知性領域，而進入第三的感情領域之中，正如約翰布朗所揄揚最最頂尖的演員，天賜確乎讓自己的「美貌，聰明、同情、技巧、感情內在的光彩，想像力及魅力去豐富所飾演之角色」。而這樣一位舞台上的奇才，經由張岱略加點染——「皺眉低眼，實實腹中有劍，笑裡藏刀，鬼氣殺機，陰森可畏」，也就披戴一身耀眼的才華，直逼我們而來。然後是喜劇演員的夏汝開，在舞台上他「傅粉登場，弩眼張舌，喜笑鬼諢」，乃至台下的「觀者絕倒，聽者噴飯」。

(4)歸結於生命情境的永恒

這四位伶人的舞台成就如此傑出，藝術情操如此高貴，張岱對他們可謂克盡報導傳眞之責了。然而張岱畢竟又不僅於此，如果就僅於此，那麼張岱與侯方域，龔自珍、李斗的描寫伶人並無差異。張岱所以能有所超越，是因爲他對伶人除了客觀的認知外，還有一份主觀個人的深交，所以這些伶人還有舞台以外的感情生命。

深情眞氣
——阿寶與祁止祥

像阿寶在祁止祥逃難之時，沿途唱曲以膳主人，當然這兩者之間顯示了一份不爲禮教所容的同性戀慕的關係，阿寶本是「妖冶如蕊女，而嬌癡無賴」，而祁止祥「去妻子如脫𨄔耳，獨以孌童崽子爲性命」的行徑，張岱不僅沒有絲毫的道德譴責，反而以爲「人無癖不可與交，以其無深情也；人無癡不可與交，以其無眞氣也」，祁氏可以成爲他的朋友，正因爲祁氏有「孌童癖」而張岱也自謂「少年紈綺子弟，極愛繁華。好精舍，好美婢，好孌童，好鮮衣，好美食，好駿馬，好華燈，好煙火，好梨園，好鼓吹，好古董，好花鳥」（自撰墓誌銘），所以可以彼此認同。

孤意在眉，深情在睫

——女伶朱楚生

至於女伶朱楚生，張岱對她的形象情性描寫得非常動人，朱楚生雖不甚美，但其風韻却有絕代佳人所不能及者——「其孤意在眉，其深情在睫，其解意在煙視媚行」。楚生似乎是位個性內向而深於情的女性，有一次張岱和楚生同在定香橋，正値黃昏，煙靄四起，四周林木沉入暮色，楚生低頭不語，泣如雨下，張氏問楚生有何感觸，她却「飾語以對」，張氏說這位心事重重的女伶「終以情死」。朱楚生的造型讓我們想起身殉舞台的商小玲，也想起紅樓夢裡的齡官，千年紅氍毹霎時化爲永不傾圮的獻壇，因爲她們已擺上了最爲馨香的祭。

鉛粉後的辛酸

——丑角夏汝開

喜劇演員的夏汝開，他一生的歲月却是充滿悲哀肅殺之氣。有一次張氏集合家中聲伎最優者十人，請他們各製小詞，夏汝開的是：

羈人寒起，秋墳鬼語，陰壑鳴泉，孤舟泣嫠。

這原是張氏對聲伎的一種訓練，而夏汝開對音樂聲情的掌握可謂出神入化，張氏說汝開「重重土繃聲雞發，鐘出峽，驚雷觸石，石初裂，土崩決，狂風送怒濤，千層石壘，直至檣顛柁折方才歇，見者可謂酷肖」。但是當汝開離世，張氏突然恍悟汝開當年的小詞，豈不「語語皆成讖」？觀衆但見他「敷粉登場，弩眼張舌，喜笑鬼諢」，因而絕倒噴飯。那裡知道他携老扶幼，率領父母幼弟幼妹投靠張氏的苦狀？而父親病著，自己健康情形也不樂觀，對夏汝開而言，喜劇本身是矛盾的，或者他的滑稽正是一種對抗悲慘命運的力量，因爲人必須在危險無助時自我嘲弄地大笑，藉以反抗眞實的壓迫，否則脆弱的人類就祇有精神崩潰，心智瓦解一途了。夏汝開在張家祇有四年就辭世而去，張民雖悲不能已，但是想到一些中途逃叛的家優，却反而慶幸汝開因早夭而成爲「始終如一之人」。汝開既是備受歡迎的喜劇演員，他的辭世自然帶給地方人士無限的哀悼之情，所以張氏以爲他雖死猶生：

吾想越中多有名公巨卿，不死則人祈其速死，既死則人慶其已死。有奄奄如泉下，未死常若其已死，既死反若其不死者比比矣。夏汝開未死，越之人喜之讚之。既死，越之人歎之息之。

最後張氏以無比誠懇的哀音爲他祝禱：

彼山之阿兮汝可以嬉，白骨粼粼兮靑冢纍纍。淒風苦雨兮群鬼聚語，疑汝父子兮不辨汝鄉語，見汝煢煢兮或來欺汝，今見有人來祭汝兮，當不嗤汝爲他鄉之餧鬼。

身爲主人，却如此鄭重其事禮葬家優，虔誠祝禱，張岱實是至情至性之人，我們感覺他與汝開之間，如師生，如父子，如骨肉，如手足，如朋友，原來人與人之間，可以如此的相屬，在十七世紀的封建社會，這份情誼真是罕有的高貴。

陶庵夢憶中的優人優事豐富而精彩，讓我們依稀回到戲劇的盛世，同樣分享戲劇帶給人類永恒的喜悅與美感。張岱說他每觀賞彭天錫演完一齣好戲，就恨不得「法錦包裹，傳之不朽」。其實舞台的表演原是最爲短暫的，沒有什麼會像舞台表演消逝得這麼徹底——演員是雪地裡的雕塑家③。張岱是深深了解這種特質的，所以他會如此形容彭天錫的好戲「嘗比之天上一夜好月，與得之火候一盃好茶，祇可供一刻受用，其實珍惜之不盡也。」雪地的精雕細塑，天上的明月相照，爐間的好火燒茶，這些都是瞬間彈指，然而微塵世界，野花天國，當掌握了美的驚悸，這一刹那便是永恒了，美的事務原是永恒的愉悅④。而一葉菩提，一瓣蓮花，一座舞台，便是無邊的宇宙，久長的天地，與藝術人生的極致。看來張岱誠然是伶人的知音，美的愛侶了。

註釋

①Wright, Edward A. "Understanding Today's Theatre" revised edition, 1972, Prentice-Hall Englewood Cliff, NJ. Chpt. IV
中課本爲「現代劇場藝術」，石光生譯，三越文庫，台北，民國六七年。

②Brown, John M. "The Art of Playgoing", N.Y.W.H. Norton Co. Inc., 1936, p.p 193-194。

③原文"An actor is a sculptor who carves in snow" by Edwin Booth (1833-93) 美國名演員。

④係英詩人濟慈名句"A thing of beauty is a joy forever" by John Keats (1795-1821)

第四章　一條辛苦路

——戲曲文學裡的伶人生涯

提到元朝，歷史的學者沉吟着：那是漢民族的黑夜呢！游牧民族的金戈鐵馬蹂躪了阡陌田畝的古遠芬芳，他們的顢頇無禮，深深刺傷了千年以來，文人士子所樹立的自信與尊嚴。提到元朝，戲劇史的研究却是一則神釆飛揚的喜訊宣告：因爲無邊的苦悶，並無礙戲劇的生長；它柔嫩的花蕾，以無比驚人的速率，好像在一夜之間，倏忽結成初熟的紅莓果，恰似四月陽光下的寵兒；讓人看了，忍不住雀躍起來。提到元朝，伶人文學的探索也是一樁驚喜呢！畢竟，它無須再偈促於古厝老屋的一隅，跨出了眞人眞事的史蹟因襲，它開始步入奇思玄想的文學創作；那毋寧是一片青山綠水、廣天濶地，伶人的自我生命，藝術情操應該可以得到最大的發揮。何苦非要寄生史書稗官不可，傀儡一般，受制於政教與史鑑（看看史記的滑稽，優語錄裡的伶人）；也毋庸化作詩人的盃盞，說是登堂文學，其實還是被借用來澆灑胸中的塊壘，或是感歎時乎的不再。伶人藝術的自我在哪兒？出乎繆司女神的想像又在哪兒？什麼時候才能像李娃，像霍小玉，甚至是小小碾玉的崔寧，藉藉無名的東征士子，在傳奇，話本、詩篇佔一席之地，也好讓人知道伶人職業的艱辛與若痛，欣悅與歡情？

現在可好了，因爲劇運的蓬勃發展，終於也有人關心起伶人的演藝生涯了。解鈴還須繫鈴人，圈內的事畢竟要圈內的人來過問，伶人的題材自然由戲劇作家來處理最爲駕輕就熟。而伶人舞台上的千種變貌，時而歡笑，時而哀泣，時而富貴，時而貧賤，這些似乎也以戲劇的形式，方能充份掌握那份多變性與虛幻性，種種的歡天喜地，驚天動地，也不過轉眼成空。這正是如戲人生的寫照，這尤其是以舞台爲人生的伶人寫照。那麼以舞台來展現舞台人生的可歌可泣，可喜可愕，是不是特別能表達出眞而又眞，假而又假，假做眞實眞亦假，無爲有處有還無的戲劇特質呢？

不論元朝的戲劇作家是否也是基於此心此理的寫作動機，總之，我們看見了元代戲曲文學裡開始出現伶人與劇場的千情百態。雖然在比例上，不能和其他的煙花粉黛，林泉丘壑、抱袍秉笏、孝廉節義、朴刀桿棒等等相提並論，但僅僅就是這樣少數的幾種，也像漫漫黑夜裡的幾點流螢，寂寞淒清之餘，却也讓人生出異樣驚喜的情愫。

一、台上台下

——散曲劇場大觀

說到劇場，尤其是中國的劇場，它樸素的舞台造型（似乎千年如一日）——一個開敞而近乎正方的平台，上有頂蓋，由柱子支持。舞台高出觀衆席數尺，環以高約兩尺的木欄。而舞台上的設置幾乎簡化至零，它面對後台的第三面牆上開有兩門，舞台的右門是進口，左門是出口，兩門之間懸有大幕一張、地板覆上地氈，然後，在大多數的情況下，桌一、椅二，如是而已。就這麼簡簡單單的形構，也就清清楚楚透露一樁明明白白的事實—根植於廣大群衆的平民素質才能使戲劇的生命強韌而緜長。但是也或許是這一份平民氣質，因之劇場並非高深藝術理論的實習，它恐怕不宜於深思，不宜於熟慮，不宜於移情，更不宜於認眞。看三國，替古人躭憂，這是過份操心了。在這種情形下，劇場的喧闐雜遝、人來人往，似乎更加強一份荒唐悠謬的色彩，當然追溯起來，這也要與戲劇的內容映照相看。說到內容，這又與時代空氣的苦悶不無密切關係。論曲的學者，像鄭騫先生便認爲：①

元朝在異族統治之下，種族待遇的不平，帝王的昏虐，特權階級的驕橫，權臣猾吏的貪縱不法，這一切組成了一個世紀的黑暗政治，畸形社會。當時的文士們，「亂世偷生，蹙蹙靡騁」，對於這樣的政治社會，具有一種由厭惡，恐怖，與悲天憫人之感交織而成的苦悶。他們忍受不了而又解脫不開，於是很容易頹廢下去；頹廢的結果卽不免流於萎靡放浪。或則寄情聲色，或則遁跡山林，痲醉身心，逃避現實。同時又有一班人，很希望進取功名富貴，而亂世功名富貴又輪不到他們這般老實人的頭上；於是一面「假撇清」，滿心升官發財，滿口山林泉石，一面怨天尤人，大發牢騷，看在旁人眼裡，則只見其鄙陋無聊。這樣的生活心情表現在作品上，就形成兩種頗不高明的氣氛；頹廢與鄙陋。除了頹廢鄙陋而外，還要加上荒唐與纖佻。荒唐是由頹廢生出來的，人一頹廢了就把眞僞是非都不當回事，胡天胡帝，信口雌黃。這種毛病多在劇曲方面，關目結構不合情理，時代地理官爵人物顚倒錯亂，荒唐謬悠由是而處處可見。纖佻則是在寫男女之情的時候生出來的毛病。元曲裡邊，每涉及男女之情，並不以深厚蘊藉爲務，反而因過份顯豁，過份盡致終於墮入了纖佻輕薄，於是連累到整個的曲，成爲不登大雅之堂的東西。

所謂元曲四弊的頹廢，鄙陋、荒唐、纖佻，也就導致了戲曲藝術在文學風格上的狹窄鄙陋。而今天，在動作與音樂部份業已失傳的情況下，我們也祇能從文學部份作爲鑑定的尺度。其實在上面所說的四弊之中，時代地理官爵人物顚倒錯亂，甚至關目結構的不合情理，有時對藝術的表現未必全然是破壞，而對藝術的功能而言也許正合乎「渲洩」「發抒」之旨。因爲前者所造成的荒唐謬悠，不正是一個動亂無常世局的寫照嚒？而動亂無常的世局的確使人不得不深感：生存當中含有無意義與荒謬。既然生存在一個無意義的世界裡，爲何還需要一個有意義的劇場呢？在這兒，我們看見因爲時代背景而造成戲劇荒唐悠謬的特質，又進而發展出觀衆疏離的態度，遂形成了中國戲劇裡一項特殊的性格②，這樣的前因後果幾乎可以用來解釋西方荒謬劇場的誕生。兩次世界大戰的陰影，無數貧窮、血腥、仇恨，精神崩潰，少年問題，吸毒，謀殺……等等亂局，開始使人想到人類是否已經迷失於一個被上帝與理智棄置的世界。當然，本文應無意於深究中西戲劇荒謬性質的比較。之所以特別提出西方的荒謬劇場，是想強調「荒謬」竟然是二十世紀許多大師全力以赴的目標之一：

「……荒謬劇場是最需要與最具智性的劇場。它或許異常有趣，非常突梯，過於簡單，甚至粗俗或俗麗的，但却能使觀衆面對一些我們卽使知道無法解決但都希望試着解決的理智問題或哲學的弔詭。」③於是我們又看到了也有刻意以語言的荒謬，人物、故事或表演上的誇張來實踐戲劇的理論。③凡此種種，都是企圖說明「荒唐悠謬」能在某種意義上而言，不僅不是「弊」，反而還是一項長處呢！至於說到「渲洩」「發抒」之功，則係指荒唐戲劇爲苦悶人心所指出的一條退路，可以從理性與理實的重重拘束壓抑下，逃遁到塵世之外；那兒就像外太空一樣，沒有地心吸力與重心，人的靈魂與心志變得飄飄渺渺、悠悠蕩蕩，也就暫時擺脫了許多的擔荷與苦痛。

和荒唐悠謬常二而一相通的是一種漫不經心，無須認眞的輕率，因之元曲裡的語言很明顯地不雕飾或不夠精緻，從正面來說，「不精緻」「不雕飾」很可能造成王國維氏所大力揄揚的「自然」。

「元曲之佳處何在？一言以蔽之，曰：自然而已矣。古今之大文學，無不以自然勝，而莫著於元曲。蓋元劇之作者均非有名位學問也；其作劇也，非有藏之名山傳之其人之意也。彼以意興之所至爲之，以自娛娛人。關目之拙劣，所不問也；思想之鄙陋，所不諱也；人物之矛盾，所不顧也；彼但寫其胸中之感想，與時代之情狀。而眞摯之理，與秀傑之氣，時流露於其間。故謂元曲爲中國最自然之文學，無不可也。若其文字之自然，則又爲其必然之結果，抑其此也。」⑤從「荒唐」「纖佻」的缺感，乃至「自然」「眞摯」「秀傑」的優點，正說明元曲的不幸與幸，這當然存乎於作者的處理。對讀者而言，我們如有了這樣的心理準備，或者在鑑賞論評之際，也就不必過份訝異與武斷了。我們也不妨心存這幾種尺度，來看一看元曲裡取材伶人劇場的作品。先看散曲套數的部份：

莊家不識勾闌（杜仁傑）

拘刷行院（無名氏）

嚥淡行院（高安道）

⑴莊家漢初進句闌

在這三者之中，杜仁傑的「莊家不識勾闌」是透過一名鄉下進城的莊家漢子來看城裡勾闌的形形色色；而有關「行院」的兩種，則是文人眼中的演藝聲色世界。王國維所揄揚「元曲「自然」的佳處特別在「莊家不識勾闌」中發揮盡致。這是一名快活的莊家漢，年成好，一切順順當當。某年某月某日，得了一份閒暇與閒心，到城裡去買些紙火。正打街頭走過，眼睛却被花碌碌的紙榜所吸引，並看見了柵欄門邊一個人正在招呼街上過往的行人，說是來遲的就無處停坐了，又說有「院本」「雜劇」「散樂」等等節目。莊家漢花了兩百大錢入場，一看可是大開眼界，台上台下的景觀都是他從所未睹，又聽見不斷的擂鼓篩鑼聲響。接着戲台上便穿梭着男男女女的演員，其中有穿戴黑色頭巾，滿臉石灰，「更着些黑道兒抹」，還着一襲花布直裰。台上的演員「曆天口地」「巧語花言」。劇情後來進展到一個老子要娶年少的婦女，教小二哥相說合。「但要的豆穀米麥，問甚布絹紗羅」。而此刻那演員在台上做出種種突梯滑稽的行止，譬如「往前那（拿）不敢往後那（拿）」「抬左脚不敢抬右脚。翻來復去由他一個。太公心下實焦躁，把一個皮棒槌，則一下打做兩半箇。」見到這情狀，莊家漢心想這可要興起一場官司了，忍不住就呵呵大笑起來。祇是大笑之餘，才覺察久久未曾如厠，「被一胞尿爆的我沒奈何」，然而這憨直老實的鄉下人不諳劇場，也祇得「剛捱剛忍更待看些兒箇」，偏偏在觀刷過程中，因爲一副初進劇場少見多怪的傻模樣，不免被左右的城裡人竊笑一番。一方面尿急難忍，一方面被人訕笑，於是這初度看戲的經驗，就在莊家漢一聲粗言的詈罵—「枉被這驢頹笑殺我」結束了。

散曲既無道白與動作，自然不以曲折的故事性而取勝。像這樣一段「片斷」的人生經驗，經由活潑的歌唱語言來表達，眞如王國維氏所說元曲最佳之處不在思想結構，而在文章有「意境」之妙—「寫情則沁人心脾，寫景則在人耳目，述事則如其口出也」

對這名未經世面的莊家漢而言，這是他人生歷程中非常特殊、新鮮而難忘的經驗，無疑地開拓他常識與情感的世界，也帶給他一些悸動，快樂、錯愕甚至氣惱。在心態上，這位觀衆對劇場是懷着好奇，他像從混沌中初醒的嬰兒，睜着探索的眸子，迎向一片陌生，他也像孩童一樣，基本上是快活的，容易滿足，也容易被激怒，作者杜仁傑成功地掌握散曲文學活潑口語的特性，所以能夠「寫景則在人耳目，述事則如其口出是也。」也無怪中國俗文學史對他的散曲成就，會特別拈出語言部份的成功—「元曲裡使用俗語的地方不少，却很少有這樣的成功與完善。想不到當時的學士大夫們使用村言市語的能力已到這樣的爐火純青的地步。」⑥

⑵文人造訪「行院」

和莊家漢愉快，好奇，乃至惱怒的種種心態相較，「拘刷行院」與「嗻淡行院」中的文人觀衆就要刓薄無趣多了。拘刷行院的敍述者因爲有客相訪，於是整裝戴帽，掇離鞍韂紫騮，聯袂「穿長街，驀短衢，上歌台，入酒樓」。「嗻淡行院」的敘述者是在暖日和風的清晝，茶餘飯飽齋的時候，自歎官囚名索，遂偕故友赴歌樓散悶消愁，向棚闌翫俳優——「賞一會妙舞清歌。瞅一會皓齒明眸。趓一會閑茶浪酒」。顯然這兩位文士都是這種場合出入的常客，所以目光難免帶着審視批評的責求。於是落入他們眼底的是種種醜態——「黑鼻凹掃得下粉。歪髻子扭得出油。胭脂抹就鮮紅口。……有玉簫不會品。有銀箏不會搊。查沙着一對生姜（薑）手……」（拘刷行院）「……把棚的莽壯眞牛。入苗的把琵歪着尖舉。擂鼓的撇丁瘤着左手。撩打的腔腔嗽。靠棚頭的先蝦着脊背。賣薄荷的自膗了咽喉。……粧旦不抹臉。蠢身軀似水牛。嗓暴如啞了孤莊狗。帶冠梳硬挺着鹿膝（簏膊）項。恰掌記光舒着黑指頭。肋額的相迤逗。………」（嗻淡行院）。百般嘲諕譏諷之中，「拘刷行院」的發展是官廳的介入——「要賞錢連聲不住口。沒一盞茶時候。道有敎坊散樂。拘刷煙月班頭。」頃刻之間，局面陷入了混亂驚惶——「諕得煙迷了蘇小小夜月鶯花市。驚得雲瑣了許盼盼春風燕子樓。慌煞俺曹娥秀。擡樂器眩了眼腦。覷幅子叫破咽喉。」而敘述者則依然如故，以冷眼靜靜打量這一片紛亂，並不忘取笑慌的慌，逃的逃的當事人——「老卜兒藉不得板。一味地趄狠。撇丁夾着鑼。則顧得走。也不是沿村串疃鑽山獸。則是喑氣吞聲喪家狗。」在「嗻淡行院」裡，作者沒有情節的安插，驚愕或轉捩的經營，作者始終不忘藏否台上的演藝——「都是些喰嗜砌末。猥瑣行頭。」「打散的隊子排。待將回數收。搽灰抹土胡僝僽。淡番東瓦來西瓦。却甚放走南州共北州。」「粱園中可慣經。桑園裡串的熟。……則索趕科地治（沿）村轉疃走。」

⑶逗趣・喜感・辛酸

因爲是出入戲園的常客，所以這兩位文人不似莊家漢凝神，舞台上的搬演的事並不能完全吸引他們的注意力。他們將目光轉向伶人的品評，進而觸及到他們舞台以外的生活狀貌，就文學表現而言，這三者都採用元曲特有活潑的俚俗語言，在處理上比較偏重於喜感趣味的流露。湯普生氏在其「喜劇階梯」的觀念裡，從⑴淫蕩行爲⑵身體的災難⑶情節的設計⑷言辭的機智⑸性格的矛盾⑹意念與諷刺喜劇來做爲鑑定「鬧劇」「喜劇」兩種類型幽默的尺度。其中幽默裡的淫蕩行爲，通常被列爲最低層面的喜劇形式。當然「散曲」並非完整的戲劇形式，但我們不妨借用這尺度來衡量一下這三種套數突梯滑稽的成因究竟。在「拘刷行院」中，作者用了相當比例的文字手描摹有關「男女兩性」之事，其實「拘刷行院」中的演藝人員根本就是變相的娼妓⑧，所以也無怪敘述者存着尋花問柳的狎侮之心。作者雖然不是就「行爲」刻意渲染，但却不諱言器官或生理現象—「家中養着後生。船上伴着水手。一番唱。幾般偸。量酒對郎君。剗地無和氣。背板凳天生忒慣熟。把馬的都能勾。子宮久冷。月水長流。」「眞珠絡臂韝。聞不得腥臊臭。半年兩番小產。一月九遍皆兜。」對男歡女愛，調情罵俏則多以「飲食」之語而作雙關之用：「行嘸作不轉暗。行交談不住手。顚倒酒淹了它衫袖。孤朋狗黨。過如打擄。虎燕狼飱。勝似趁熟。嚾得十分透。鵝脯兒砌末包裹。手腿子化婁（簍）裹他收」而「拘刷行院」起自「淫行」繼以「災難」，雖不是顚蹎率翻的身體危難，而是緣自權威的突擊，但這場突如其來的災變，導致了一場手忙脚亂，那麼也確實是「身體災難」形象的表現，所以這位自始至終冷眼旁觀的刻薄文人要好好奚落藝人一番，說他們流動的戲團，在衢州撞府，跋山涉水時旣靈敏又勇敢，一如「鑽山獸」，而此刻驚惶流竄，百般委屈，眞是「啽氣吞聲」的「喪家狗」。整體來說，「拘刷行院」的喜感近乎鬧刷一場。至於「莊家不識勾闌」雖無淫行，但却設計了相當有趣的對照局面。當台上的演員以滑稽的舉止「往前拿不敢往後拿」「抬左脚不敢抬右脚」「翻來復去」「把一個皮棒槌，則一下打做兩半箇」，來進行婚姻的說項時，台下的莊家漢忍不住哈哈大笑起來，然而樂極生悲，因爲他此刻也面臨「尿急難忍」却「投怨無門」的尬尷中，這是不是和台上的人同樣滑稽可笑呢？當台上的男人對一名少女動了求婚之念時，其實也隱隱有「性」的暗示，而「尿急」該是屬於生理現象中旣尋常却又極難啓齒的一種，謂之「身體的災難」未嘗不可。做爲讀者，我們彷彿戲中看戲，遂忍不住被逗趣的笑意。在「嗻淡行院」中，作者撇開了「性暗示」或與「排泄」「生殖」有關生理現象，而對戲團裡的演員形像極盡「醜化」之能事。而他筆下的戲班子好像相當落魄，縱然是厚厚鉛粉，百般妝弄，却不能掩飾他們砌末道具的寒傖簡陋，所以最後以戲班子流浪生涯作結時，讀者心裡可能會孳生一份淒清的感覺。這就好像我們看人無意間摔了一跤，不免就會笑起來，但如果我們得知這人昨天才動過手術，那麼「同情」介入了，我們也就笑不出來了。

從旁觀者的眼睛，我們對伶人又增加了多少認識呢？

這眞是極爲艱辛的一份生活！不僅得應付百般挑剔的客人，還要時時受官府的突擊。客人之中或以尋花問柳爲務，那麼被輕薄被狎侮是不能避免的。如果遇到高標準的觀衆，那麼自己的演藝務必精益求精，日新月異，否則，觀衆是無情的，批評是殘酷的。

從以上的作品之中，我們又可窺知一些戲班組織的情形。他們不屬於宮廷內府應承的戲班，也不是豪門貴族私人所設置的家樂，他們是以營利爲目的而組成的戲班，一種由少數人合資，製備衣裝砌末而組成的戲班。有的專駐一地以備隨時召演，也就是舊稱的「窩班子」，有的終年在各地流轉，甲地演畢，另赴乙地，這也就是「拘刷行院」與「嗻淡行院」裡所說的「沿村轉疃」的流動劇團。

因爲限於「散曲」本身的體製，以上作品對伶人與劇場的描摹因而是片斷的，是局部的。如果我們想藉文學作品而對伶人生涯有更進一步，更完整的瞭解，那麼元雜劇中的「藍采和」多少可以滿足讀者在這方面的需求。

二、幾個惺惺幾個悟

——藍采和雜劇

無名氏所撰「呂洞賓點化伶倫客，漢鍾離度脫藍采和」一劇，通常被歸類於「神仙道化」之中，這類劇情不外以解脫塵俗，逍遙物外爲依歸。處於元代苦悶不平的社會，「神仙道士」的思想自然如一劑清涼散，有着止痛療傷的的作用。在古代文學之中，凡涉及成仙，成神的思想，皆係文人自我解脫之道，如屈平之賦遠遊，郭璞之詠仙。但在元人雜劇中，則除文人本身外，惡吏如岳壽（見鐵拐李）

茶博士如郭馬兒（見岳陽樓），富貴如金安壽（見金童玉女），屠夫如任屠（見任風子），娼妓如劉行首（見劉行首），甚至鬼怪如柳樹精（見城南柳），無情草木如桃柳（見昇仙夢）等，若能省悟，皆可擺却魔障，飄然仙去。這種現象顯示出平民思想的抬頭，而俳優藍采和（許堅）就是衆庶中的一名選樣，是芸芸人間世裡「幾個惺惺幾個悟」的幸運人兒。那麼，我們不免要問：出身伶倫俳優的藍采和，他的執着是什麼？他又如何走向了悟？

在雜劇，藍采和是樂名，他本名許堅，主持一個家庭劇團的，就在洛陽梁園內從事演藝生涯。班中各個脚色，不是「許堅末尼」的妻，子、媳婦，便是他的「姑舅兄弟」「兩姨兄弟」。雖然演藝生活並不輕鬆，但顯然他相當敬業與樂業，並且還有一份自得與自許——「俺將這古本相傳，路歧體面；習行院。打諢通禪，窮薄藝知深淺。試看我行針步線，俺在這梁園城一交却又早二十年。常則是與人方便，會客週全。做一段有僧愛勸賢孝新院本。覓幾文濟饑寒得溫煖養家錢。俺這裏不比別州縣。學這幾分薄藝，勝似千頃良田。」

顯然，藍采和已經在他演藝生活裡找到了所以安身立命的意義。不僅如此，他的家庭生活也極爲和樂美滿，因爲是家庭劇團，彼此之間既有先天的血緣繫聯，又有後天的志與道的認同，所以藍采和不曾存有任何改變現狀的意圖。然而對於「得道昇仙」的緣份，作者是採取了宿命的「決定論」而非自主的「意志論」，換言之，藍采和是仙界的選民，注定有一天要走出塵世，這是身不由己，意志也無從超越命定的必然安排，而成爲這仙俗之間的脫度者則是漢鍾離與呂洞賓了。

漢鍾離首先造訪勾欄，百般挑剔劇目，又在對話間屢屢說出出家兒的快活自在。他們初晤的對話錄是仙俗的辯論：

「你這等每日做場，你則爲你那火院。幾時是了？不如俺出家受用快活。」

「俺世俗人要吃有珍羞百味，要穿綾錦千箱。我見你出家兒受用來。」

然而藍采和塵戀甚爲濃烈，漢鍾離絲毫不能打動他。藍采和惱怒這襤褸道人打攪了他的營生，一怒之下，索性將勾欄鎖住，並威脅他不得再來，否則將選幾條大漢「打殺你這潑先生。」漢鍾離終於識得藍采和緊緊封鎖的心，知道「此人若不見惡境頭，怎肯出家？」於是劇情乃有關鍵轉捩的發展。

就在次日藍采和的生日壽宴，正當衆親友舉盞邀盃，藍采和又飲又唱的極樂之際，漢鍾離再度出現。在爭執之中，漢鍾離對他發出惡咒悲讖——「你今日是壽星，明白敢做了災星也。」

果然第二日，州官喚了藍采和去官府，並以其怠慢「悞了官身」之罪被罰杖打四十大板。這不啻禍從天降，昨天壽筵還高唱：「直吃的欻欻的紅輪西墜，焱焱的玉兎東生。常言五十而後知天命，我年過半百，諸事曾經。人有靈性，鳥有飛騰。常言道蠢動含靈，做場處誰取消停。」「俺俺俺做場處見景生情，你你你上高處捨身拚命。喒喒喒但去處奪利爭名。若逢，對棚，怎生來粧點的排場盛。倚仗着粉鼻凹五七並，依着這書會社恩官求些好本令。」「那的愁甚麼前程。」此刻却苦苦呼喊：「諕的我半晌家如癡掙，悠悠的去了魂靈。則聽的樂臺上呼喚俺樂名，諕的我悠悠的喪了三魂又不見分毫動靜。我怠慢失悞了官身，連忙點綴，便要招成。偌來粗細荆杖予臨身，比俺那勾欄裏淡交疼。」

也就是在這種孤立無援，呼天搶地之際，漢鍾離第三度出現，飽受驚惶、愚眉目眼的藍采和總算瓦解了心靈的城池，打開門來接納漢鍾離的度脫。他終於悟出「壽星」「災星」之間的瞬息無常，遂毅然脫離「潑聲名貫滿州城」「喬粧扮打拍攛掇」「戲台上信口開合」的演藝生涯，並勘透金枷玉鎖的兒女寃業，情願隨着漢鍾離出家。三十年後，藍采和功成行滿，在赴往瑤池閬苑的仙途，偶然回首紅塵，見到人煙喧鬧處的劇院，遂暫駐步履，詢問之下方知是舊日親友家人的劇團。三十年間，故舊已垂垂老矣，祇有他仍保持當年青春，而「功成行滿」的藍采和此刻居然又難忘起舞台生涯，當他的兄弟告訴他當年衣物並未壞去，不妨揭開帳幔試試的時候，藍采和心內歡喜，竟不由笑微微揭開帳幔。就在這一動念之間，漢鍾離的警戒傳來——「許堅，你凡心不退哩那！」藍采和驚悸之中，這才眞眞正正斷却塵緣，從南柯夢境覺醒過來。

從「伶人文學」的觀點來看，「藍采和」一劇的可喜之處，最是在於主人翁自始至終對舞台藝術的一往情深，雖然表面上他已斬情入道，然而作品所透露的訊息却是演藝的肯定。我們覺得藍采和是迫不得已，身不由己地走上出家之途。而尤其令人感到神仙可笑矛盾之處的是：藍采和被傳官府定罪的計謀，正是神仙所導演的一齣戲。其實在現實裡那毋寧是子虛烏有的。官府根本就是呂洞賓的妝扮，兩位神仙一搭一唱，在編導之下，引誘藍采和進入他們佈署的圈套之中。如此看來，雖然高明如神仙，也不得不藉戲劇來施展其抱負與計謀，這對「呂洞賓點化伶倫客。」的題旨多少是一種嘲諷吧！

三、錯在那裏？

——永樂戲文的宦門子弟

在民國九年葉恭綽氏於英國倫敦博物館所發現一三九九一卷永樂大典的三種戲文中，我們看到了「宦門子弟錯立身」所寫的伶人生活。劇中主人翁延（完顏）壽馬（女眞人）出身簪纓世宦之家，其父爲河南府同知。因爲愛上了女藝人王金榜而與父親衝突。在愛情親情之間，延壽馬拋棄了家庭，投身女藝人的家庭劇團流浪江湖。後其父巡迴地方觀政，一夕欲慰旅途寂寞，召藝人使演院本，相見却是失踪的愛子。老父憐惜子媳流浪之苦，便許二人結爲夫婦。

「宦門子弟錯立身」的家庭愛情衝突，實則和「李娃傳」「玉堂春落難逢夫」是相當類似的，然而這位「宦門子弟」却比滎陽公子或王金龍要更爲徹底，他不僅愛上自身階級以外的女子，並且情願投身於對方的行業之中。投筆從戎，棄官歸農，剃度爲僧，這種種的決志改變，我們在文學作品中時有所聞，屢見不鮮。但是像延壽馬這樣「拚却和伊拋故里。不圖身富貴，不去苦攻書，但只教兩眉舒。」「一意隨它去，情願爲路歧。管甚麼抹土搽灰，折莫擂鼓吹笛，點拗收拾，更溫習幾本雜劇。問甚麼粧孤扮末諸般會，更那堪會跳索撲旂。只得同歡共樂，同鴛被，冲州撞府求衣覓食。」却是極爲特殊的個案。然而他畢竟是「積世簪纓，家傳官門之裔，更那堪富貴之後」，在情性上一如大多數的富家子弟，豪放疏狂而外，又兼風流敏感，這種人在溫室裡得其所哉，一旦投身於現實社會，特別是離鄉背景，渡水登山的流動劇團，他起於一時的率性豪情就不免於悔恨嗟款了，所以這戲文特別以「錯」來表明宦門子弟與戲劇生涯的相互扞格。俗話所謂的「男怕選錯行，女怕嫁錯郎」，雖是率直之語，但不無生活的眞理存在。男婚女嫁，成家立業或者還是要以社會生命爲最後皈依，否則兩個人之間的愛情小天地遲早要被社會的大世界所摒棄，於是愛情化爲嗔怨，終於枯萎而死。

延壽馬與王金榜的戀情也幾乎瀕於這種危機了。最初，這位宦門之子確實深深愛戀着女伶王金榜，同時也深深喜歡戲曲演唱。戲文裡第一個重要情節就是延壽馬要家中老僕喚王氏來自己書房相會，在書房裡他們互道相思之苦，並且就唱曲敷演之事溫習切磋一番。這樣的戀情不單純男女的悅慕而已，其中還含有志同道合的事業理想。但是戲劇性的轉捩是書房裡的幽約愛戀被父親闖見，當然憤怒傷心失望是不能避免的。爲要庇護自己的孩子，他命令王金榜家庭劇團速速離去，然後將不肖的兒子禁閉起來。年少的兒子第一個意念是尋死，第二意念是逃離父權的樊籠，去尋覓自己心愛的人兒。他果然逃離家庭──「走南跳北，典了衣服，賣了馬匹」，失業，逐浪隨波，忍冷躭飢，終於找到了王家劇團。幾度懇求，他終於做了行院人家女婿，他自以爲：「正不過沿村轉莊，撞工耕地。我若得粧旦色如魚似水，背杖鼓有何羞？提行頭怕甚的？」萬萬沒有料想到生活歲月是無盡止的艱辛苦楚：「路歧，歧路兩悠悠。不到天涯未肯休。這的是子弟下場頭。」「撞府共沖州，遍走江湖之遊。身爲女婿只得忍恥含羞。」原來肩不能挑，手不能提的富家子弟難奈挑擔負重的勞作。當怨懟之際，王金榜百般安慰，──

她體恤他「挑行李，怎禁生受。」便以當年的期許來激勵他：「伊家奈守，有衷腸時伊難分剖。怕爹娘捍逐前來，將奴家共君僝僽。」「男兒到頭，管終須和你得成就。那時節有月登樓無花永不酌酒」不提也罷，提起舊事，他的悔恨更深了：「休休！提起淚交流。那更擔兒說重心憂，我親朋知道眞個笑破人口。」這時老丈人也來催趕他快些行走，官門子弟哀歎了：行李重，驢兒不肯快走！這眞是流浪劇團的寫照，生活的擔子沉重無比，人生的道路迍邅難行，又沒有便捷的交通工具可以代勞。一般人，就像未曾投奔劇團前的延壽馬吧，就祇見戲台上的輕歌曼舞，風流嫵媚；哪裡知道這背後隱藏多少鹹澀的血淚？取悅觀衆本已吃力，萬一得罪官員，那麼吃不了兜着走，一點安定的保障也沒有，就像延壽馬父親—河南府同知，要劇團遠走，他們就不敢稍作淹留。這樣艱辛的生涯，是爲誰辛苦又爲誰忙呢？對戲劇的興趣與熱愛被現實的殘酷磨蝕了，延壽馬祇有悔恨再悔恨。

戲文中的關鍵人物是父親，兒子離家出走起因他的憤怒禁囚，這困境危機的解決，也就有賴他的寬容諒解。好在這是一位頗具人性的心軟父親，孩兒離家後，他便一心打聽浪子的下落。說也湊巧，雖然他費盡心思阻撓兒子與女伶的戀情，但自己一旦旅途勞頓，所渴望的也還是戲曲表演排憂解愁、遣心散悶。也幸好他沒有抹煞戲劇這一點娛人的意義，若不是藉着此，怎麼可能一家團聚呢？這和呂洞賓非靠搬演則不能點化伶倫藍采和的情形，都多少都譏諷了對戲劇懷着雙重標準的人。

故事的結局是快樂而圓滿的，父親接納了兒子，這時女伶也在旁叩拜，於是所有的辛酸，抵悟都化作溫馨、諒解了—「自從當日不見我兒，心下鎮長憂慮，兩眼長是淚雙垂，怎地孩兒爲路歧？」「

今日裏，得見你，焚香子父謝神祇。它鄉里；重會遇，夫妻百歲例于飛。」

「那日孩兒私奔故里，歷盡萬山烟水。途中寂寞痛傷悲，到了東平得見伊。」

「告恩官，聽拜啓：當日書房裏，一意會佳期。驀忽撞着伊相公，一時見却怒起。令人星夜捍分離。怎知道今日做夫妻？謝得恩官作主議」

雖然「宦門子弟錯立身」最後既肯定了父子親情，也包容了女伶的媳婦，但讀者不免好奇：女伶進門以後又怎樣呢？宦門子弟曾經一度逸出自己的常軌，好在能及時回歸正位，不致釀成大錯，而王金榜呢？既做了大戶人家的媳婦，恐怕祇能專心一意，再也不能回復她的演藝生涯了，當年隨着父母闖蕩江湖的艱辛旅途應該祇是一份記憶了：

「子規兩三聲，勸道不如歸去。覊旅傷情，花殘鶯老。虛度幾多芳春？家鄉萬里，煙水萬重。奈隔斷鄰鴻無處尋，一身似雪裏楊花飛輕。」

「艱辛登山渡水，見夕陽西下玉兔東生。牧童吹笛，驚動暮鴉投林。殘霞散綺，新月漸明。望隱隱奇峰鎖暮雲，冷冷見溪水圍繞孤村。」

「奈行程路途勞頓，到黃昏轉添愁悶。山回路僻人絕影，不覺長歎兩三聲。」

「望斷天涯無故人，便做鐵打心腸珠泪，只傷着蠅微利，蝸角虛名。」

「向村莊上借宿安此身，只見孤館蕭條扃。想村醪易醒，愁難醒。暗思昔情人，臨風對月歡娛頻宴飲。轉教我添愁離恨，您今宵裡孤衾，展轉誰與安存？」

「且寬心，休憂悶！放懷款款慢登程，借宿今宵安此身。」

對於王金榜的歸宿，我們爲她慶幸。從此，她無須蓬飄萍蕩，在山水間嗟歎流離與失侶之苦，也不必躭心孤衾獨枕異鄉。然而在演藝生涯的疲憊旅程中，若非母親低沉柔和的慰安——「且寬心，休憂悶！放懷款款慢登程，借宿今宵安此身」，恐怕王金榜也難禁風雨霜露之苦了。「宦門子弟錯立身」讓我們感動的是：一條艱辛的人生路，一個溫馨的有情世界，一份各就其位的秩序清明，以及它在伶人文學裡所留下一幀家庭旅行劇團的恒常畫面，那畫面就如同劇團所以浪跡的山水，所以立命的舞台，將和宇宙人生一般緜長，悠久。

四、其他

⑴元明雜劇的歌妓

在戲曲文學裡還有專以女伶與文人的愛情爲主的作品，譬如：

元雜劇：諸宮調風月紫雲庭（石君寶撰）

明雜劇：劉盼春守志香囊怨（朱有燉撰）

明雜劇：宣平巷劉金兒復落娼（朱有燉撰）

明雜劇：美姻緣風月桃源景（朱有燉撰）

其中元雜劇「諸宮調風月紫雲庭」是敍述一位唱諸宮調的女伶韓楚蘭，和一位士子靈春馬的戀愛，就像許多妓女文人的愛情一樣，靈春馬也因爲率性縱情而耽誤了功名，而韓楚蘭雖是出身演藝娛樂的行業，却也懷有從一而終的志氣，這樣一份志氣自然不爲歡場的養母所喜，所以他們面對阻撓的勢力不僅來自男方的階級，也來自女方家長的貪婪。這些多沿我們熟知娼妓故事之舊，祇是穿插了一些韓楚蘭賣唱的實況報導，以及從事這行業的辛酸艱難：

「楚蘭明道是做場老小，俺娘則是個敲郎君置過活。他這幾年間衡儹下胡倫課，這條衢州撞府的紅塵路，是俺娘剪徑截商的白草坡。兩隻手衡勞摸。恁逢着的瓦解，俺到處是嗚珂。」

在無盡剝削，毫無親情的家庭裡，韓楚蘭祇希望逃遁到一個清靜處——

「此行折末山村野店上藏，竹籬茅舍裡躲。能夠得個桑榆景內安適的過，也強如鑼板聲中斷送了我。」

這一對戀人當眞是「兩情迷到忘形處，落絮隨風上下狂」。這樣的戀愛故事彷彿永遠不斷地在文學史上重覆。也許就誠如此劇結尾所說——「鸞鑑破，鳳釵分，世間多少斷腸人？風流公案風流傳，一度搬着一度新」。

「香囊怨」「復落娼」「桃源景」中的樂妓，嚴格來說並不能稱爲純粹的女伶，因爲她們在歌唱搬演之餘，還得賣身來賺取生活費用，所以一般都將之歸類於娼妓的範圍。值得注意的是在明朝的妓女意識中，「貞潔」是一個相當重要的觀念，以「香囊怨」爲例，能彈會唱的妓女劉盼春心屬士子周子敬，便矢志爲他守住一份童女的貞潔，祇是周子敬並不能懷抱同樣份量的情感與信心，他居然作書給盼春，請她不必爲他過份堅持，——「且作隨機應變……念伊本自心堅，便作箇張郎婦，李郎妻，知爾實非情願，暫時依彼，將就瓦全，終日違他，恐防玉碎……」劉盼春對自己的行業具有相當的敏感——「每想俺行院人家婦女每，十分艱難，吃的衣飰又齷齪，又不曾得一日快樂」「車碾的泥轍深似坑，馬踐的塵埃滿面生。繡鞋兒不曾乾淨，走的人可丕丕氣喘心驚。盼不到徐家酒店張家館，給過了馬氏餳房管氏庭，好着我感嘆傷情。」但對愛情却顯得沉溺太深，迷情過份，爲至清醒明慧不足，所以她的自縊並不具有強烈的說服與感人力量，加上作者三綱五常的道德意識時時加諸於劉盼春的言詞語話之中，更減削了這位少女純情任性的可愛。

明清伶人歌妓成爲戲曲中的人物還有：洪昇長生殿的李龜年、雷海靑，孔尙任桃花扇裡的李香君，汴玉京，柳敬亭等。此時的劇作故事取材歷史，人物因襲眞實，而與前舉例子相較，最大的特色是政治意義的濃厚，民族意識的強烈。像雷海靑、李龜年，柳敬亭諸人都具有相當高亢的家國情緒，作者也經常藉他們的言語行止來痛貶亂臣賊子。而李香君，汴玉京諸人，雖是紅粉胭脂，却週旋於政教、藝文，文化水準、政治見解非等尋常。這種典型，就成爲民國以後的小鳳仙，或是淸末孽海花裡傅彩雲（賽金花）之流。

(2)明淸小說中的伶人

另外在小說之中也有零星的演藝人員，像金瓶梅，像水滸傳裡的白秀英父女。而「品花寶鑑」一書尤可視爲優伶傳記。

品花寶鑑刻于咸豐二年，以敍乾隆以來北京的專業優伶，而記載之內，時雜猥辭。作者自謂伶人有邪正，狎客亦有雅俗，而在此書內並陳姸媸，是具勸懲之意。其中人物的造型不能擺脫才子佳人的窠臼，不外伶如佳人，客爲才子，溫情輭語，累牘不休。正因爲作者以北京優伶爲藍本，所以書中人物大抵可攷，惟獨「名旦」杜琴言與文士梅子玉大約是作者理想的化身，他們「言」與「玉」的命名，卽有「言」「寓」的寄託之意，作者以爲他們的高絕已無世人可以爲影射。此書作者是常州人陳森，號少逸，道光年間居住北京，出入菊部，遂摭取見聞，綴屬爲文。

小說進行到結局部份是名士與名旦會于九香園，並繪伶人小像爲花間諸神，而衆名士們又爲小像寫贊，伶人也爲名士書寫長生祿位，然後將其刻石供養於九香樓下。彼時伶人已經脫離梨園，並當着名士鎔化釵鈿，焚棄衣裙，一陣香風吹送，灰燼飛揚着，在半空之中飄飄點點，映着一輪紅日「像無數的花朶與蝴蝶飛舞，金迷紙醉，香氣撲鼻，越旋越高，到了半天，成了萬點金光，一閃不見。」

事實上不見的不祇是諸伶的裙釵而已，元曲中那一點活潑生動之氣，那一份自許自愛的驕傲，那一條艱辛路上的種種蒼涼掙扎至是已經灰飛湮滅。

註釋

①見「從元曲四弊說到張養浩的雲莊樂府」一文，蒐入景午叢編上冊，台北中華書局。

②曾永義「中國古典戲劇的特質」，該文以為我國古典戲劇表現方式，可以歸納為象徵性，誇張性與疏離性三種特質。蒐入「中國古典戲劇論集」，台北聯經出版。

③見「現代劇場藝術」頁一五六。

④這是尤金，伊歐尼斯柯（Eugene Ionesco）的主張，可見註③所舉之書，頁一五八。

⑤王國維，宋元戲曲史。

⑥西諦，中國俗文學史，台北，明倫出版社，民國六十年，頁二〇四。

⑦Thompson, Alan Reynolds "The Anatomy of the Drama" Berkeley: U. C. Press, 1946。

⑧有關「行院」一詞的意涵所指，請參看嚴敦易：論「行院」，國文月刊合訂本下卷，台北，泰順書局，民國六十年重印，頁一〇二一至一〇二五。嚴氏引八種雜劇述及「行院」廿九例，其中有作「本行」解，亦有「妓院」或「妓女」代稱的用法。

第五章　闢自梨園的寫作蹊徑

——伶人・戲曲・紅樓夢

劇場不是遊戲，而是我的信仰

亞伯特・卡繆

一、伶人情性的辯護

——仁惡之間的第三類

對於歷史上梨園或伶官出身的李龜年、黃旛綽以及敬新磨等人，曹雪芹假雨村言（見紅樓夢第二回賈雨村與冷子興的對話錄），以爲他們一方面聰俊靈秀，在萬人之上，一方面乖僻邪謬，不近人情，又在千萬人之下。原來，天地有正氣，清明靈秀，當祚永運隆，太平無爲之際，其所秉之仁者，上自朝廷，下至草野，或爲甘露，或爲和風，洽然溉及四海，蕩溢光天化日之下。天地亦有邪氣，殘忍乖僻，其所秉之惡者，凝結充塞於深溝大壑之中，偶因風蕩，或被雲摧；而終於「清明靈秀」之正氣，與「殘忍乖僻」之邪氣在偶然因緣裡，如風水電雷，地中相遇，既不能消，又不能讓，而搏擊掀發之際，遂孕育了大仁大惡以外，第三世界的人物。他們上不能爲仁人君子，下不能爲大凶大惡。若生於公侯富貴之家，則爲情痴情種；若生於詩書清貧之家，則爲逸士高人；縱然生於薄祚寒門，甚至爲奇優爲名娼，亦斷斷不至淪爲走卒健僕，甘遭庸夫驅制。第一世界的大仁者，應運而生，他們是：堯，舜，禹，湯，文武，周公，孔、孟，董，韓，周，程，朱，張。第二世界的大惡者，應刼而生，他們是：蚩尤，共工，桀，紂，始皇、王莽，曹操，桓溫，安祿山，秦檜。而介乎大仁大惡的第三類，往往成則公侯，敗則賊，他們是：許由，陶潛，阮籍，嵇康，劉伶，王、謝二族，顧虎頭，陳後主，唐明皇，宋徽宗，劉庭芝，溫飛卿，米南宮，石曼卿，柳耆卿，秦少游，倪雲林，唐伯虎，祝枝山，紅拂，薛濤，崔鶯，朝雲，以及—李龜年，黃旛綽，敬新磨之流。

雨村、子興對話錄中，「天地生人」的區分畛域有四：大仁第一類；大惡第二類；大仁大惡卓異的第三類：餘者自然就是「皆無大異」的庸常之輩第四類了。這毋寧是曹雪芹爲他筆下人物的辯解，雖然石頭所記「第一件，無朝代年紀可考；第二件，無大賢大忠朝廷治風俗的善政；其中只不過幾個異樣女子，或情、或痴、或小才微善」（見第一回空空道人對石頭語）罷了；但這些「婦人女子」，甚至「淫魔色鬼」的賈寶玉，在曹雪芹的體認中，卻才眞是他所關懷的。因爲大仁近乎神，讓常人崇仰膜拜，大惡近乎魔，又教人畏懼恐怖。祇有「清明靈秀」、「殘忍乖僻」的「正」「邪」混合，才是人性的，才能爲「皆無大異」的常人所自然認同。當他們在「正不容邪、邪復妬正，兩不相下，既不能消、又不能讓」的衝突掙扎之時，我們這一般常人的憐憫與怖懼之情方才被喚醒起來，而悲劇藝術的洗滌作用（Catharsis）於是乎見。②，紅樓夢裡的人物在情性本質，在行止見識上就常是屬於大仁大惡之間的第三類。這些自想像世界裏誕生的人物，其實常是眞實歷史舞台人物的投胎轉世，曹雪芹的臚列歷史裡性情中人的帝王，隱士，文人，畫家，奇優名娼，難道他們不是紅樓夢裏或情或痴女子的同胞孿生嘛？這一段的語錄不僅可視爲作者塑造人物的辯解，也可當作曹雪芹對於奇優名娼肯定的佐證。在曹氏的價值秩序裏，李龜年，黃旛綽，敬新磨和許由，陶潛，明皇可以相提並論。有這樣基本肯定的前提，曹氏筆下的伶人才可能元氣淋漓，生機活潑。

除了「清明靈秀」「殘忍乖僻」兩種氣質的相互抗擷而外，曹雪芹又特別強調一份不甘遭庸夫驅制的獨立自主，優伶的社會形象堪比侏儒，但是他們卻是精神世界的巨人，他們至少必須是他們自己世界的主宰者，也就是他們必須是一齣生活戲劇裡的主角，而不可能是配角，這裡所反映的情性素質就是一種，絕對強烈的自我意識，以及絕對強烈的自我塑造，自我完成的渴求與意志。

在觀念的認知上，曹氏對於傑出優伶既作如許深重的評價，那麼在實際經驗的生活裏，以及在從事人物塑造的小說創作活動中，曹雪芹是否能夠「一以貫之」？

二、萌芽於戲劇的温床

(1)家族的淵源

一如張岱，曹雪芹與戲劇的血緣至爲濃密，這也是來自他們家族的傳統③，曹雪芹的祖父曹寅具有極高的才華與文學素養，曾自刻「楝亭詩鈔」八卷，「詩鈔」，別集四卷，「楝亭詞鈔」一卷，「詞鈔」別集一卷，又在康熙四十四年主持刋刻全唐詩。此外，曹寅又以藏書的豐富，版本的珍善而有名。現存的「楝亭書目」共四卷，全部藏書計三千二百八十七種（不分卷），劃分三十六類，以「說部類」四百六十種所佔比例最大。此外在「史書類」，曹寅特設「明史類」，收有關於明史著作八十四種，曹寅並曾仔細研讀其中的

表忠記（明學士錢士升論次十卷）

虎口餘生（抄本、清邊大綬著一卷）

續表忠記（清趙吉士著八卷）

他依據三書中的故事爲藍本，編爲戲曲，在家中演唱。劉廷璣「在園雜志」卷三頁二十一中曾經述及曹寅就「虎口餘生」一書改編爲劇，計五十齣，排場構詞，清奇佳麗，「永憲錄」續編第六十七頁也提到該戲的搬演。「在園雜志」中同處還提到曹寅曾撰「後琵琶」，以蔡文姬的故事爲劇情，內有「胡笳十八拍」等，尤侗「艮齋倦稿」卷九頁十六「題北紅拂記」說曹寅改良張伯起的北曲「紅拂記」，並交與曹氏家伶演之。曹寅又重刻元鍾嗣成所著錄鬼簿，這些都是他重視戲劇最好的例證。曹寅對戲劇的愛好不止於劇本的蒐求、閱讀創作，他並且自蓄家伶搬演。而曹寅的內兄李煦也是深嗜戲劇，其迷戀程度甚至造成傾家蕩產的厄運。道光年間編纂「蘇州府志」卷一百四十八「雜記」篇，曾引錄

顧丹五筆記一條：

「康熙三十一年織造李煦蒞蘇……公子（按：指李鼎）性奢華，好串戲，延名師以教省梨園。演長生殿傳奇，衣裝費至數萬，以致虧空若干萬。」

曹李兩家致力於戲曲研究，是緣於個人的愛好和職務的需求。爲了安排康熙南巡的接駕娛樂節目，他們務求盡善盡美，不僅在編撰、排演的頌聖及熱鬧戲文方面，力求新穎不落窠臼，而且遍訪教習，徵選女伶。也許就因爲他們高度的戲劇素養，康熙皇帝才特別在他們織造的正式任務外，還委派他們供辦宮中樂藝。康熙曾六次南巡，地方宮吏沿途立碑樹坊，獻御膳，演戲文，往往舖張奢華成風，我們從當時的奏摺和時人筆記中尤其可於窺知曹李二氏在承應演戲時的求全責備。

李煦剛調任蘇州織造，就開始徵選女伶，以備進呈的任務，康熙特別派了一位葉國楨弋腔教習，前來蘇州教練，該年十二月李煦有摺云：

今尋得幾個女孩子，要將一班戲送進，以博皇上一笑。想崑腔頗多，正要尋個弋腔好教習，學成送去，無奈遍處求訪，總再沒有好的，今蒙皇恩特命葉國楨前來教導，此等事都是力量作不來的。……今葉國楨已於本月十六日到蘇。

以後康熙歷次南巡，都是由曹寅李煦二人負責進宴演戲。其中很多都是新編戲目。焦循「菊莊新話」的「劇說」篇曾記載：

聖祖南巡，江蘇織造臣以寒香、妙觀諸部承應行宮，甚見嘉獎。

寒香、妙觀就是兩個新戲目。直到曹寅死後，曹李二家還在承應此項工作。李煦以後的繼任織造，也還能保持這項傳統，直到淸末爲止。顧鐵鄉「淸嘉錄」卷七記道：

老郎廟梨園總局也，凡隸樂籍者必署名於老郎廟。廟屬織造府所轄。以內府供奉需人，必由織造府選取故也。

蘇州梨園公所「永名碑記」則記載說蘇州最好的戲班是「織造部堂海府內班」。此班「名優輩出」。所謂海府，卽海保家，海保是雍正八年出任蘇州織造的。④李家雖因養梨園子弟而虧空，江南一帶的戲劇運動却因而大爲倡行。

⑵親閱梨園子弟

書香墨馨所醞釀出來的家族氣息，吹奏搬演的長久繚繞，這些都在潛默裡孳養了萌芽的心靈，身爲曹寅、李煦兩大家族之後的雪芹，卽令不曾親身經歷顚峯的盛世，躬逢家族最爲繁華的春季，或者僅僅是在幼年目睹短暫的榮華，但是這些必然深深觸動曹雪芹創作的慾念。又因爲曹雪芹傳世的作品除了一部紅樓夢外，其他的詩文却是極其稀少，因之我們無法得知他本人與伶人間實際交往的記錄，是否能夠像張岱與家優那樣如師如友，如父如兄，切磋琢磨，疑義相析，尋幽訪勝，共襄盛舉？我們無法知悉箇中的情形，但脂硯齋在批閱齡官拒演「游園」「驚夢」的事件時，倒是爲我們留下當年家優的雪泥鴻爪，脂硯齋（甲戌本）以無比追懷的筆調回憶著：

按近之俗語云：「能養千軍，不養一戲。」蓋甚言優伶之不可養之意也。大抵一班之中，此一人技業稍優出衆，此一人則拿腔作勢轄衆恃能，種種可惡，使主人逐之不捨，責之不可，雖不欲不憐而實不能不憐，雖欲不愛而實不能不愛。余歷梨園子弟廣矣，各各皆然。亦曾與慣養梨園諸世家兄弟談議及此，衆皆知其事，而皆不能言。今閱石頭記至「原非本角之戲」，「執意不作」二語，便見其恃能壓衆，喬酸姣妒，淋漓滿紙矣。復至情悟梨香院一回，更將和盤托出。與余三十年前目睹身親之人，現形於紙上。使言石頭記之爲書，情之至極，言之至確，然非領略過乃事，迷陷過乃情，即觀此茫然嚼蠟，亦不知其神妙也。

顯然梨園子弟的「清明靈秀」，以及種種「殘忍乖僻，不近人情」之處，都是作者親身的經驗，心悸熟稔而美麗，卽使在回首顧盼之際，作者還悵悵不能自已，眷眷難以忘懷，特別是「奇優」獨出的癖性—拿腔作勢，挾衆恃能，種種可惡，使主人逐之不捨，責之不可，雖不欲不憐而實不能不憐，雖欲不愛而實不能不愛。

⑶伸向民俗工藝的第三隻手

在最近發現曹雪芹的「廢藝齋集稿」八冊中，我們知道文人的曹雪芹竟也有他極其民俗極其鄉野的一面，原來他不但工詩詞書畫，寫成長篇鉅作，並且還精於各色各樣的民間手工藝呢！這八冊的內容分別是：

第一册：金石
第二册：題爲「南鷂北鳶改工志」
第三册：編織工藝
第四册：模型脫胎手藝
第五册：織補
第六册：印染
第七册：雕刻竹製器皿和扇股
第八册：烹調

現在經人傳抄出來的是第二册，專講風箏的扎、糊、繪、放各種技巧，並有各式的彩圖，非常詳細，稿本寫出後竟成爲北京地區販賣風箏者的秘笈皇典。此書的寫成也是偶然因緣，他的一位跛足朋友于景廉生計艱難，求援於雪芹，雪芹自己當時也是「困憊久矣」，無力資助，於是設法幫忙扎製風箏，却不料竟然一舉成功，雪芹原意要將此書公開，「將以爲今之有廢疾而無告者，謀其有以自養之道」⑤。

如果這段資料可信，曹雪芹確乎深解民間手工藝的話，則這一點又與晚明張岱相似，而張岱對百工諸匠僅是喜愛尊重而已，至於張氏是否實際也嫻習其巧藝及製作，則不得而知。張、曹異代不同時，却一樣擁有無限寬廣遼濶的藝術視野，也該是同道了。但是在對於戲劇的品味方面，張岱在崑腔的鼎盛期間，猶不排斥「非崑腔」的開明，却似乎不是曹雪芹的戲劇見解。

(4)「花」「雅」對峙的戲劇史實

紅樓夢寫作背景的康乾時期，正值崑腔雖盛而弋腔有取代之勢的對峙局面。弋腔原是明代弋陽地方腔，嘉靖以後和各地的地方腔相結合，又變爲各地的地方腔、康熙年間，弋腔流行北京後，王正祥「新定十二律京腔譜」凡例中就主張更名爲「京腔」——「盛行於京都者，更爲潤色其腔，又與弋陽迥異……」弋腔與崑腔在當時各自代表了俗雅的兩種極端，曹雪芹在紅樓夢裡很明顯地透露他對前者的反感與後者的喜愛。第十九回寧國府元宵演戲的景況—

誰想賈珍這邊唱的是「丁郎認父」、「黃伯央大擺陰魂陣」；更有「孫行者大鬧天宮」，「姜太公斬將封神」等類的戲文，倏爾神鬼亂出，忽又妖魔畢露；內中揚旛過會，號佛行香，鑼鼓喊叫之聲，聞於巷外。弟兄子姪，互爲獻酬；姊妹婢妾，共相笑語。獨有寶玉，見那繁華熱鬧到如此不堪的目地，只略坐了一坐，便走往各處閒耍……。

而脂硯齋批註的「形容尅剝（刻薄）之至，弋陽腔能事畢矣」，這和作者的態度是一致的，曹氏對崑腔的喜愛，當然與其家庭背景有關。按揚州畫舫錄謂：「兩淮監務，例蓄花、雅兩部以備大戲。雅部即崑山腔，花部爲京腔、秦腔、弋陽腔、梆子腔、羅羅腔、二簧調，統謂之亂彈」。而曹寅、曹顒、曹頫的本職是織造，兩淮監務只是兼職，他們所精心經營的亦是崑腔戲班而非花部戲（見前舉李煦奏

摺中對弋腔教習的尋覓頗有困難可知）

三、優人優事的歷史社會涵意

透過歷史實證的角度，以紅樓夢以外的史料去檢視曹雪芹與戲劇的關係，我們可以得知：其一，曹雪芹的生年是崑腔「夕陽無限好」，而弋腔開始步入中日昇天的轉捩時期。其二，曹雪芹的戲劇品味偏向文人氣質的崑腔。其三，曹雪芹因家族的戲劇傳統，所以也深嗜戲曲，並深解箇中奧妙學理。而如果就紅樓夢這一部書而言，其中與伶人戲曲有關的部份，佔有相當的比重，簡單歸納起來則有：第一，各種戲曲的表演與其劇目的談論或提及；第二，伶人的故事；第三，與戲劇有關的見解或是小小的事件。現在我們就以社會與歷史的態度作一檢討。

⑴節慶、生日、酬神演戲

關於戲曲搬演的活動情形，紅樓夢裡至少有十三處提到「演戲」。其中年節演戲有兩次，「生日」五次，打醮酬神一次，尋常宴會一次（臨安伯府宴）特殊情況四次（元妃歸省、尤氏輸東道罰請看戲、賈母游園聽曲、賈政陞遷）

爲慶祝年節、生日和打醮酬神而演戲，這是長久以來社會的傳統風尚。而年節演戲又循例在元宵舉行，似乎自唐以來元宵在某種意義上成爲了國定的狂歡節，所謂「金吾不禁夜，玉漏莫相催」（唐蘇味道詩）舊唐書嚴挺之傳中，嚴氏因爲玄宗先天二年正月望「胡僧婆陀請夜開門，燃百十燈，睿宗御延喜門觀樂，凡經四。」而上書勸諫「今乃暴衣冠於上路，羅妓樂於中宵，雜鄭衞之音，縱倡優之樂」，足證唐人以「妓樂」「倡優」爲元宵的娛樂，以後的宋元明的各種文學作品或筆記小說都有類似的記載，而清代內廷的「月令承應」戲，也是以元旦，元宵屬於特殊隆重的慶典。紅樓夢裏是在第十九回與第五十三、五十四回分別描繪了其中的盛況。

生日演戲，明初就已普遍，明朱有燉「呂洞賓花月神仙會」雜劇，寫四個樂工扮演院本爲人祝壽，金瓶梅五十九回寫西門慶生日，演出「韓小仙陳半街陞仙」雜劇招待賀賓，明末張岱「陶庵夢憶」敍及他携家優前往兗州搬演「冰山記」爲父親祝壽。清代承襲明代風尚，「生日演戲」的情形更爲普遍，演出規模更大，余懷板橋雜記敍述順治十四年龔鼎孳爲夫人顧橫波的生日推出「王母瑤池宴」等劇，趙翼詩集中也記載八十歲生辰，親友演戲三天以示慶賀。紅樓夢寫生日演戲的有：賈敬（十一回）、寶釵（廿二回）、薛蟠（三十回）、熙鳳（四十四回）、黛玉（八十五回），都相當具體生動。

打醮酬神演戲，以歌舞娛神，祈福禳災，起源極早。古人以「巫」來執行歌舞以娛神明，或代表神明接受祭典，因之，王國維有「歌舞之興，其始於古之巫已乎」（宋元戲曲史）的議論。紅樓夢第廿九回寫賈家五月初一在清虛觀打醮，鳳姐還建議找一外面戲班去演戲。

(2)伶人殘障的社會生命

紅樓夢或被視爲「人像畫廊」（Gallery of Characters）的作品⑥。其中人物紛繁，却個性作風互異，而依然鬚眉畢現，精彩非常。在出入四百餘位的人物中，伶人也是相當重要的一環，他們包括了賈府梨香院的十二女伶，忠順王府戲班的琪官（蔣玉函），以及串戲的世家子弟柳湘蓮。在社會或心理的意義方面，曹雪芹筆下的伶人至少有如下的啓示作用：

第一、賈薔、齡官畸戀中，齡官因爲伶人職業心理的不平衡而產生的隔離現象（segregation）。齡官在十二女伶中舞台成就最爲突出，也自許最高，但是在三十六回之中却一再以「浪事」「勞什子」「牢坑」這種鄙夷忿恨之詞來說她一向自尊自貴的演藝生涯，而她對賈薔的深情却化作辛辣語言，都說明她內心矛盾煎熬之苦，這也是社會學者如潘光旦氏在伶人心理研究中所特別拈出的一種現象。

第二、藕官、蕊官的同性之戀，薛蟠初晤柳湘蓮的狎戲，甚至寶玉初識琪官所流露出的戀慕；這種種都是演員與演員之間，或演員與戲迷之間一種不爲健康社會所容「同性戀」的傾向，這現象特別在演藝人員裏的世界頻常出現。尤其薛柳的例子更加佐證鄭西諦的「清代禁官吏狎妓，彼輩乃轉其柔情，以向於伶人」說法。

第三、梨香院的女伶採自蘇州，年齡幼小，安置賈府後，拜老婦爲乾娘，又以賈薔總承其事，包括聘請教習，安排演出，月錢發放等等，這一種制度是家庭戲班的一般情形。女伶的身世堪憐自然無庸贅言，而曹雪芹特別藉芳官和老婦的爭執，暴露了乾娘制度的弊害。因爲沒有骨肉血緣的繫聯，又沒有後天情感的培養，這兩者之間就淪爲權力與物質的鬥爭，而伶人要求庇護而認乾娘，乾娘企圖自伶人身上漁利，這也是梨園習見的陋規。

第四、梨香院的女伶來自貧苦或孤哀，雖然到了富貴之地賈府，但是對她們而言多少還是「見不得人」的「牢坑」（齡官語）。在「東風夜放花千樹，更吹落星如雨」的元宵良夜，賈府聆賞之餘，撮起一籮筐的銀錢，撒向戲台——「老祖宗，姨太太，親家太太賞文豹（荳官所扮的角色）買菓子吃的。」豁啷啷地，滿台錢響，賈母大大地開心起來了（見第五十三囘）燈張錢響，九歲荳官的童年，是在舞台上揷科打諢地討賞錢。至戲班遣散，或送回去家園，或由各房使喚，或投身尼庵，而投身尼庵是陳圓圓，汴玉京等人的結局。顯示出明清女藝人無所逃遁的現實困境。

生活經驗裏，曹雪芹既然曾經閱歷梨園子弟，所以在小說中，也往往能緊緊繫扣伶人社會層面的生命現象而多做發揮。而在基本肯定伶人「正」「邪」氣質的前提下，曹雪芹不帶偏見不帶歧視，所以伶人不至淪爲紅粉骷髏、彩衾僵屍，徒具形式而無體溫脈搏心悸與血與淚與笑；這是小說寫作藝術的表現，又是另一種探索的方向，我們先且擱置一邊。

四、優人優事的文學運用

(1)伶人

將伶人情節放在整個紅樓夢寫作安排上，他們又具有其他的作用，大致而言，他們與寶玉的命運有所關聯。或是一種「啓悟」，或是一種「寫照」。像齡官的愛情是寶玉通向「徹悟」之途的一盞明燈，厚來他是無法得盡天下女孩的眼淚，種種痴心，種種妄想，種種執着，種種迷情，經由目睹齡薔之戀以後，逐漸割捨，逐漸冷却，逐漸了斷，而終於一片清朗潔白了。藕官、菂官、蕊官⑦的三邊關係是伏筆日後黛死寶婚，黛、寶、釵三人的局面。而芳官和寶玉之情再度肯定大觀園裏一種至清至潔、至尊至貴，無猜無嫌，無忌無諱的男女關係，但如果根據戚蓼生八十回本來看芳官，則「芳官」被寶玉改喚「耶律雄奴」，又被易做「溫都里納」，並做男裝打扮，其他如葵官被湘雲喚名「韋大英」，亦做男裝；而荳官則被打扮「小童」模樣（見戚本六十三回），潘夏氏以「民族大義」來解釋這段情節⑧，多少就是遺民志士的寓言了。蔣玉函和襲人的姻緣，寶玉在冥冥中穿針引綫，倒成全了一樁美事，於是再度肯定姻緣的前定。堪羨優伶有福，誰知公子無緣？原來，許久之前，警幻仙子就已在太虛幻境所展示「金陵十二釵」的又副册中預卜了。而柳湘蓮與尤三姐的一段苦情，却是寶玉無心鑄造的錯誤。柳的出家，尤的自毁，無非是重覆生命通向虛無的主題意識。但是尤三姐的德行操守却因爲紅樓夢不同的版本，乃至影響柳湘蓮退婚行爲的評價。程甲本，程乙本六十五回目均作：

賈二舍偷娶尤二姨　尤三姐思嫁柳二郎

而戚本中則作：

膏粱子懼內偷娶妾　淫奔女改行自擇夫

如此，尤三姐的「改行」在後者的情節安排裏便分外值得推敲。戚本中的尤三姐確實曾和賈珍有過瓜葛，柳湘蓮的退婚倒也全非空穴來風的輕率之舉。但無論尤三姐的貞潔是始終如一也罷，或是由淫蕩而轉向的二度貞潔，這都無妨小說安排柳湘蓮必然走向芒鞋破鉢、來去無牽掛的出家生涯。湘蓮和寶玉之間的交往深遠、情誼篩厚、最後連剃度蓮臺的抉擇竟也一致，或者，作者安排一位喜歡串戲旅遊的世家子弟斬情入空門，正是爲要伏下寶玉出家的先機呢！

⑵劇目

再根據紅樓夢所出現的劇目，以及藉書中人物所發表的戲劇見解，我們也大致推知其中反應出曹雪芹寫作時代的戲劇動態，以及他本人對戲劇的看法。在劇目方面分別爲崑腔弋腔兩類，但弋腔祇五齣，而崑腔竟三十一齣之多；三十一齣裏出自湯顯祖的作品又佔多數。再看二十三回中寶黛共同欣賞「西廂記」曲文，同回寫黛玉在梨香院牆角聆聽女伶演習「牡丹亭」「游園」之曲，這些都顯示出曹雪芹偏愛崑腔，並且對湯顯祖的風格或接近其風格的「臨川」劇作深懷好感，寶玉不喜歡熱鬧場面的戲，而書裏所出現劇目也多屬於臨川風格的靈奇，高妙、冷雋。

紅樓夢所提諸種劇目的表面意義，乃是反應當時戲劇流行的情形。在乾隆以前的「醉怡情」和乾隆間的「綴白裘」這兩書收錄當時舞台流行的劇目，而紅樓夢的劇目都可以和這兩部書核對起來。但是另一種屬於寫作層面的用心可能更爲良苦，這些劇目和書中其他的詩、詞、謎語甚至屋宇房舍、衣飾佩戴，乃至命名都往往具有預卜命運的隱喻性，我們根據脂硯齋的批註，尤其可以洞悉出來這種寫作的意圖。

·伏筆·

先說劇目的隱喻性，也就是脂批所謂的「伏筆」作用。十八回元春省親，在恭迎典禮中點了四齣戲：

第一齣豪宴　一捧雪中　伏賈家之敗

第二齣乞巧　長生殿中　伏元妃之死

第三齣仙緣（圓）　邯鄲夢中　伏甄寶玉送玉

第四齣離魂　牡丹亭中　伏黛玉之死

所點之戲，伏四事，乃通書之大過節，大關鍵。

按「豪宴」，出於李玉「一捧雪」傳奇，內容寫嚴世藩想強取莫懷古傳家之寶的「一捧雪」玉杯，莫不得已，以贋品代之，却反爲曾得莫恩的裱褙匠湯勤秘告，最後由莫家老僕代主人受刑處死。這裏似乎暗示賈家之敗與小人誣告有關，極可能就是賈雨村一流人物。

在這兒，第二第四齣的隱喻作用並不難理解，但第三齣「仙緣」（按應作「仙圓」），評者謂「伏甄寶玉送玉」，這却與我們知悉一百十五回送還通靈寶玉的和尚有所出入，這牽涉到紅樓夢的種種棘手問題，先姑且不作討論。我們轉向「仙圓」探索，此乃出於湯顯祖的「邯鄲夢」，寫盧生在夢中經歷，高官厚祿，受誣流竄和重享福貴的種種變易，醒來後由呂洞賓帶到仙境遨遊，遇見八仙中其他的七位，這七位神仙分別唱曲來點化盧生，盧生也終於悟出「我是個痴人」。將盧生與寶玉合攏來看，便覺兩者受點化、看破紅塵，出家爲僧的結局是一致的，因此我們暫且無須去計較那送玉者的究竟，因爲不論是甄是僧，却都是寶玉勘透紅塵的時機，如此我們便更能了然於「仙圓」的伏筆深意了。

第廿九回的淸虛觀打醮，在神前所拈的演出戲碼爲：第一本白蛇記，寫漢高祖斬蛇起義事；第二本滿床笏，是早淸文人龔鼎孳請門客范希哲爲其夫顧橫波（媚）生日所撰吉祥戲文，寫郭子儀盛享榮華富貴；第三本南柯夢，仍是出自湯顯祖，藉淳于棼的蟻國經驗寫人生如夢的幻滅。當時賈母祇對第二本最感欣慰，其餘兩齣便不言語，想來總因不是吉徵佳兆而心存芥蒂吧！這三齣劇目依然隱喩了賈家的興起，全盛和沒落。

其他像第九十三回中蔣玉函唱「占花魁」，也是預卜他終於將娶得「花」襲人。而他所扮演的秦重，多少像他自身性情的寫照，體貼而殷勤。這和第八十五回黛玉生日看到「冥升」中嫦娥有些類似，因爲「碧海靑天夜夜心」的孤寒是堪比黛玉的寂寞生涯寂寞心，以及不食人間烟火的那份眞人仙氣。

·悟與警的作用·

部份富於隱喩性的劇目，不僅預卜命運於未然，而且其中的曲文往往還啓迪哲思，或喚醒詩心，譬如第二十二回寶釵生日提到寶玉深深喜愛山門中的寄生草：

漫搵英雄淚，相離處士家，謝慈悲，剃度在蓮台下。沒緣法，轉眼分離乍；赤條條，來去無牽掛。那裏討煙簑雨笠捲單行，一任俺芒鞋破缽隨緣化。

在隱喩方面，這自然以魯智深的剃度蓮台預告寶玉日後的出家，而在哲思的啓迪方面則引發了寶玉的禪機。爲了湘雲把黛玉比爲戲子的事，寶玉滿懷體貼，周旋於黛玉，湘雲之間，結果反而兩邊都得罪了，寶玉想到情感的前因後果，一片深情，殷勤設想，反而落得一場空——「什麼大家彼此？他們大家彼此，我只是赤條條來去無牽掛的！」不禁傷心淚下，於是提筆立一偈曰：

你證我證，意證心證。是無有證，斯可云證，無可云證，是立足境！

並塡詞曰：

無我原非你，從他不解伊，肆行無礙憑來去。茫茫着誰悲愁善？紛紛說什親疏密？從前碌碌却因何？到如今，回頭試想眞無趣。

寶玉至此，已開始意識到感情是一種束縛，一種痛苦，而由肯定態度，漸漸走向懷疑和否定。從「赤條條來去無牽掛」的曲子而惹出來的偈詞就展開了寶、黛、釵三人的辯論，黛釵對寶玉的態度自然不表贊成，她們談禪說理引經據典，在口舌上勝過寶玉，然而禪理對她們而言，不過意味一種知識，一種學問，並不能像寶玉那樣在生活體驗上產生智慧的覺悟，所以寶玉聽過她們一席辯論後，遂以爲「原來她們比我的知覺在先，尚未解悟；我如今何必自尋煩惱？」由這次談禪來看，寶玉比起黛釵，已具備跳脫一步來觀察生命現象的能力，他的偈語也許祇是初具形式，談不上什麼徹悟，但是此後心情却是智慧漸開。

在第二十三回中黛玉偶過梨香院，被吹送過牆的「原來是姹紫嫣紅開遍，似這般都付與斷井頹垣」的曲文所吸引，不免駐立步履，聆聽起來。這是牡丹亭「驚夢」的「皂羅袍」，從隱喻性而言，少女的群唱無異命運的哀歌，是賈府日後式微的讖語。但是對黛玉而言，這又是一段美感的經驗，她的第一種反應是直接的，同情的，「雖未留心去聽」，却也「十分感慨纏綿」。她並不深究曲文事實的自身——劇中南安府是否眞的姹紫嫣紅或眞已斷垣頹壁？而是經由對語言的敏感而對曲文感慨的直接感受。她的第二種反應是聽了「良辰美景奈何天，賞心樂事誰家院？」之後的「心下自思」，這是「批評」的反應，是由第一種同情而衍生出來的反省，是「不覺點頭自歎」之後的「心下自思」，而這種「思」的結果是「同情」狀態的終止，因此不能再「感」，所以「想畢」之後才發現由於「胡想」而「耽誤了聽曲子」而感到「後悔」，這裏是「美感經驗」的「再反應」，而非對「藝術品」的「直接反應」。第三種反應遠較前二者爲複雜，它不只是「同情」，而且還「關心」。從第一階段的美感距離，到第二階段是更遠的一層；但是到了「則爲你如花美眷，似水流年，是答兒閒尋遍，在幽閨自憐」，她不覺「心神動搖」「越發如醉如痴，而站立不住，便一蹲身，坐在一塊山子石上」，「細嚼『如花美眷，似水流年』八個字的滋味」。在「心神動搖」、「如醉如痴」之下，還要細嚼其中滋味，則黛玉除了「知」、「感」外，還要進一步細嚼，沉思這八字在她心是所喚醒的清新認識，尤其是反映於其中的一種自我生命的重新體認。接下去便是美感的高潮，許多片斷記憶復甦，重新凝聚，一種對生命情境的嶄新領悟，但也是一種痛苦的體悟——

忽又想起日前見古人詩中「水流花謝兩無情」之句，再詞中又有「流水落花春去也，天上人間」之句，又方才所見「西廂記」中，「花落水流紅，閒愁萬種」之句，都一時想起來，凝聚在一處。仔細忖度，不覺心痛神馳，眼中落淚。

隱喻性是劇目最重要的文學作用，其次應該是「雙關語」的功能，其實這兩者都有「指東說西」或「聲東擊西」的意味；但前者比較偏重於事之未然者，後者則偏重現場實況的投射。

第十八回雙關語之中，元妃極喜齡官的扮演，命她再做——劇目不拘，賈薔指定「游園」、「驚夢」，但齡官因為非本角之戲，執意不肯，定要做「相約」、「相罵」，從「敬業」而言，這是齡官忠於藝術的擇善固執；從她和賈薔的關係而言，這是暗示她的藉機恃寵撒嬌；但從劇情看，則不無雙關之意。「相約」、「相罵」出於明月樹主人所撰釵釧記，是寫小丫嬛與老夫人的針鋒相對，唇槍舌劍。小旦的齡官正是扮演其中丫嬛一角，而在御前獻演，兩相照應，多少都是表示與權威相抗擷的不妥協。第二十二回，寶玉聽了寶釵說「山門」中的「寄生草」曲文，不覺為其精彩文字而大感興奮，又是拍手，又是叫好，黛玉在一旁拈酸，冷冷抛下：「安靜些，看戲罷；還沒唱『山門』，你就『妝瘋』了！」「妝瘋」是戲劇中常演老將尉遲敬德的故事，伶牙俐齒的黛玉以此來調侃寶玉，並且也報了被冷落的一箭之仇。相同的情形見於第三十回，寶釵受了寶玉的奚落——「怪不得，他們拿姐姐比楊妃，原也富態些」，又不甘黛玉在旁得意，所以在回寶玉詢問所聽戲目名稱時，就假借「我看的是李逵罵了宋江，後來又賠不是」引出「負荊請罪」的劇目，來譏諷寶黛二人適才的口角爭執。又像第四十四回鳳姐生日，那日正值死去金釧兒的冥誕，寶玉藉口去北靜玉府，却悄悄驅馬城外的水仙庵，上香祝禱表示哀思追悼之情，回到賈府正在上演荆釵記的「男祭」，男主角王十朋在江邊含淚祭祀。黛玉便和寶釵說道：

「這王十朋也不通的很，不管在那裏祭一祭罷了，必定要到江邊上來做什麼？俗說說：『睹物思人』，天下的水總歸一源，不拘那裏的水舀一碗，看著哭去，也就盡情了。」

其實黛玉是借機說給寶玉聽，表示並不苟同他特意瞞騙家人遠去城外祭祀金釧兒。結果「寶釵不答」，「寶玉却發起獃來」寶釵不答是她一貫持重、厚道行止的表現，寶玉發獃當然是被黛玉說中心事，神思不屬，無法集中看戲的結果。

有關紅樓夢一書中所出現劇目的名稱，源出劇作⑨，劇作作者所隸朝代，所屬腔調，在書中出現場合與章回，所具有的功能，可以從下列的圖表中有一總覽性質的瞭解。

紅樓夢出現劇目	章回	源出劇本	劇作者	年代	劇種	出現場合	在小說中的文學作用
雙官誥	十一	雙官誥	陳二白	明	南戲	賈敬生日	
還魂	十一	還魂記	湯顯祖	明	南戲	賈敬生日	
彈（談）詞	十一	長生殿	洪　昇	清	南戲	賈敬生日	
豪宴	十八	一捧雪	李　玉	明	南戲	元妃省親	隱喻：伏賈家之敗
乞巧	十八	長生殿	洪　昇	清	南戲	元妃省親	隱喻：伏元妃之死
仙圓（緣）	十八	邯鄲夢	湯顯祖	明	南戲	元妃省親	隱喻：伏甄寶玉送玉
離魂	十八	還魂記	湯顯祖	明	南戲	元妃省親	隱喻：伏黛玉之死
游園	十八	還魂記	湯顯祖	明	南戲	元妃省親	
驚夢	十八	還魂記	湯顯祖	明	南戲	元妃省親	
相約	十八	釵釧記	月榭主人	明	南戲	元妃省親	雙關語：齡官藉以抗議
相罵	十八	釵釧記	月榭主人	明	南戲	元妃省親	雙關語：齡官藉以抗議
丁郎認父	十九	？	？	清	弋腔	元宵慶典	
黃伯央大擺陰魂陣	十九	？	？	清	弋腔	元宵慶典	
孫悟空大鬧天宮	十九	？	？	清	弋腔	元宵慶典	
姜子牙斬將封神	十九	？	？	清	弋腔	元宵慶典	

西遊記	廿二	西遊記	陳龍光	明	南戲	寶釵生日	
劉二當衣	廿二	?	?	清	弋腔	寶釵生日	
山門（寄生草曲文）	廿二	虎囊彈	朱佐朝	明	南戲	寶釵生日	(1)隱喻：伏寶玉出家 (2)觸媒：啓寶玉禪悟
妝瘋	廿二	金貂記	無名氏	清	南戲	寶釵生日	雙關語：黛玉譏諷寶玉
驚夢（皀羅袍曲文）	廿三	還魂記	湯顯祖	明	南戲	日常演習	(1)隱喻：伏賈府之敗 (2)觸媒：警黛玉詩心
白蛇記	廿九	?	?	明	南戲	清虛觀打醮	隱喻：象賈府興起
滿床笏（十醋記）	廿九	滿床笏	范希哲	清	南戲	清虛觀打醮	隱喻：象賈府鼎盛
南柯夢	廿九	南阿夢	湯顯祖	明	南戲	清虛觀打醮	隱喻：伏賈府之敗
負荊請罪	三十	李逵負荊	?	明	北曲	薛蟠生日	雙關語：寶釵譏諷寶黛
男祭	四四	荊釵記	朱權	明	南戲	鳳姐生日	雙關語：黛玉暗譏寶玉
樓會	五一	西樓記	袁于令	明	南戲	元宵慶典	雙關語：荳官揷科打諢
八義觀燈	五四	八義記	徐元	明	南戲	元宵慶典	
金花娘娘	五四	混元盒	無名氏	清	弋腔	元宵慶典	雙關語：麝月打趣僕婦
尋夢	五四	還魂記	湯顯祖	明	南戲	元宵慶典	
惠明下書	五四	（南）西廂記	李日華	明	南戲	元宵慶典	

楚江晴	五四	西樓記	袁于令	明	南戲	元宵慶典	
聽琴	五四	西廂記	李日華	明	南戲	元宵慶典	
琴挑	五四	玉簪記	高　濂	明	南戲	元宵慶典	
胡笳十八拍	五四	續琵琶	曹　寅	清	南戲	元宵慶典	
冥昇	八五	蕊珠記	？	清	南戲	黛玉生日	隱喻，黛玉之寫照
喫糠	八五	琵琶記	高　明	明	南戲	黛玉生日	
達摩渡江	八五	西來記	張中和	清	南戲	黛玉生日	
占花魁	九三	占花魁	李　玉	明	南戲	臨安伯府宴	隱喻，伏琪官之婚娶

五、「如戲」「如夢」的主題表達

(1)紅樓夢的命名

在「甲戌」殘本第一回起首，脂硯齋所謂的「楔子」，對於紅樓夢成書的緣起，提到了「石頭記」「情僧錄」「風月寶鑑」「金陵十二釵」「紅樓夢」的幾種命名。

其中：石頭記與情僧錄，以「記」與「錄」說明小說的傳記與實錄的性質，前者以跛足道人親眼見石頭上所記石頭的歷刼與回歸爲着眼，後者則係「情」的強調，起於「空空道人因空見色，由色生情，傳情入色，自色入空」，遂改名「情僧」一番文字的因緣際遇。

風月寶鑑是點睛於跛足道人所携神秘鏡子，以寶鏡做爲風月的警戒，典出書中第十二回「王熙鳳毒設相思局，賈天祥正照風月鑑」的情節。跛足道人曉喻賈瑞之言，「這物出自太虛幻境空靈殿上，警幻仙子所製，專治邪思妄動之症，有濟世保生之功……千萬不可照正面，只照背面，要緊，要緊……」這與寶玉初次神遊太虛幻境，警幻仙子的教誨：「今夕良時，卽可成姻。不過令汝領略此仙閨幻境之風光尙然如此，何況塵世之情景呢？從今後，萬萬解釋，改悟前情，留意於孔孟之間，委身於經濟之道。」兩者實出於相似的苦心。而風月寶鑑的命意更富於表現主義的精神，將死亡與重生的抽象概念，具體以鳳姐美艶的形象以及猙獰的骷髏分別在寶鏡的正反兩面出現，美色讓人陷溺，乃至於死亡，人一旦了悟情慾致死方能起死回生，所以反面的骷髏反而是治病的藥石。可惜賈瑞不能解其意，祇有死亡一途，而寶玉必須歷經種種苦痛之後才能恍悟當年夢中深意。如此風月寶鑑是以鏡的象徵，表示小說的警世意義。

金陵十二釵典出寶玉夢中所見警幻仙子封鎖的冊錄名目。以金陵十二女子做爲命名，是文學作品中「人像畫廊」性質的昭彰，也是作者爲「閨閣昭傳」的用意，從命名來者，小說當以「人物」取勝，而以「故事情節」次之。

以上四種命名各具不同的意義，或多或少彰顯這部鉅著多樣性的一斑。然而這部作品流傳至今，却是以「紅樓夢」而廣爲人知，而「紅樓夢」與「石頭記」「情僧錄」「風月寶鑑」「金陵十二釵」

相比，似乎更能掌握小說釀造的主題雰圍，也就是「眼看他起高樓，眼看他讌賓客，眼看他樓塌了」的「人生如戲」，以及「假做眞時眞亦假，無爲有處有還無」的「如夢人生」。

「紅樓夢」的命名，其中「夢」自然拈出小說中虛幻的意味，而「紅樓」一詞又特別具有「舞台」的空間意識。從小說發展的脈絡去探討，「紅樓夢」應該是指第五回中，賈寶玉在秦可卿臥室午睡的一夢，夢裡警幻仙子醉以美酒，沁以仙茗，警以自製「紅樓仙曲十二支」。因爲神遊太虛幻境在全書情節的發展中具有關鍵的意義，所以用來命名，順情入理，也相當自然貼切。

「人生如戲」的感覺效果，不僅止於賈府盛衰的故事情節而已，其實作者在寫作小說上就充份運用戲劇寫作的技巧。

⑵劇本摸式的小說寫作

在空間方面，作者毋寧是賦予其「常數」的固定特質，小說活動的場合常是固定於「大觀園」內，此外在場景的處理方面也頗富於象徵性，像薛寶釵蘅蕪居的蘭芷繁茂、冷靜芬芳，像秦可卿臥室裡有關各種美女艷聞的擺玩陳設；或者是主人的個性延伸，也或者是情節發展的暗示。從場景的處理，乃至人物的衣飾配戴，都流露出作者精研的品味，這多少是得之於傳統戲劇的薰陶。

在時間的處理上，更類似戲劇，多以連接的「搬演」（dramatize）來取代「敍述」（summarize），故事的情節乃依隨時間的延展而推進，所以小說在這方面的進行相當的緩慢，小小一樁事件，却不惜筆墨，然而春去秋來，季節的轉變却是三言兩語交代過去。

至於中國戲劇裡的「科」「白」，更是此書寫作精華之所在，甚至，如以讀「劇作」的態度來讀紅樓夢，可能所得效果更加高妙。作者自始就對傳統才子佳人的章回小說不表贊同，從書中人物的深嗜「西廂」、「牡丹」，以及批評者屢屢假借戲文，（如廿五回脂批有「此非隔花人遠天涯近乎？」「必云轉眼過了一日者是反襯紅玉挨一刻似一夏也。知乎？」皆出自「西廂」），再就太虛幻境的紅樓仙曲來看，作者實在是企圖從戲劇與小說的技巧之中，得到某種「相互為用」的作用。其他像「劇目」的文學運用，其隱喻與雙關語的趣味，我們都已經在前面探討，玆不重複。

(3)玉茗四夢的啓示

從莊周夢蝶開始，人生與夢的譬喻就屢屢出現於文學作品之中。曹雪芹的寫作有因襲有獨創，而在夢的設計方面，可能多得之於湯顯祖。湯顯祖「玉茗堂四夢」顯示了他對「夢」的強烈意識，其中「邯鄲」「南柯」取材唐傳奇的「枕中記」與「南柯太守傳」。在這幾部作品中，曲曲折折，津津有味的一場人生，却不過是「蒸黍未熟」片刻的幻象，或者竟是以螻蟻穴巢為詭戲的妖異而已。藉「夢」與「螻蟻」來說人生的虛妄，這種荒唐之感，也就是紅樓夢作者屢屢要表達的。所以特別指出他與湯顯祖的血緣，是因為書中流露出對「南柯」「還魂」「邯鄲」等劇的熟稔與喜愛，另外湯顯祖的道家思想與紅樓夢裡的道家成份，以及曹氏家族的道家色彩⑩都有可以並論之處。

炎夏永晝，甄士隱矇矓走入陌生地，奇異地邂逅了一僧一道，正要舉步隨他們入境「太虛」，却聽一聲霹靂，若山崩若地陷，士隱大叫一聲，定睛看時，烈日炎炎，芭蕉冉冉，夢中之事便忘了一半。（第一回）

三鼓時份，鳳姐睡眼微矇，恍惚看見可卿走入，說是爲道別而來，留言依依，誠摯中肯，並說「三春去后諸芳盡，各自須尋各自門！」鳳姐還要再問，只聽二門上傳出雲板，連叩四下，正是喪音，鳳姐驚醒，人回：「東府蓉大奶奶沒了。」（第十三回）

長長的人生短暫如一夢，小小的一夢在眞實人生中卻又常是曲折有致，而長短、眞幻、虛實、睡醒之間的邊緣情境最耐人尋味，其實「夢境」與「舞台」就其長短、眞幻、實虛、沉睡與清醒，介入與旁觀，又有多大的差異呢？

當甄士隱對著瘋跛道人說：

「你方唱罷我登場，反認他鄉是故鄉」。（第一回）

當癩頭和尚在寶玉病牀前長歎：

「沉酣一夢終須醒，寃債償清好散場」。（第廿五回）。

當石頭囘歸青埂峯下，一切復原太初，我們看見歸結全書的偈語：

「說到辛酸處，荒唐愈可悲。由來同一夢，休笑世人痴。」（第一百廿回）

而畸笏叟在爲甲戌本脂硯齋重評石頭記的刋行所作凡例時，再三叮嚀閱者，在殷勤懇囑裡寫出：

「浮生著甚苦奔忙？盛席華筵終散場。
悲喜千般同幻渺，古今一夢盡荒唐。
謾言紅袖啼痕重，更有情癡抱恨長。
字字看來皆是血，十年辛苦不尋常。」

原來十年辛苦的嘔心瀝血之作，是奔忙浮生後一點幻渺的感悟—登場散場，沉酣夢醒，人生的終結不過「筵席散，雜劇打了」，而千古的歷史也祇是荒唐一夢，就這麼一點淒涼千古意，於是我們爲曹雪芹浩歎，或者說，也爲竟然無能擺脫「可憐身是眼中人」的自己而長長欷歔吧！

註釋

①對於有關紅學諸般棘手問題，筆者的看法大致爲：其一，作者爲曹雪芹；其二，小說性質爲自傳色彩濃厚的文學創作。其三，本文涉及小說的文學探討部份，皆以重印乾隆壬子（一七九二）紅樓夢（程乙本）爲範例（台北遠東圖書公司印行，民國四十八年）。因之情節發展，故事結局亦以此本爲準，但情節引用方面，儘可能偏重於前八十回，如遇特殊情況，也將所採不同版本而造成的不同結論加以特別說明。又因關於曹雪芹的原始資料，如愛新覺羅敦敏的「懋齋詩鈔」，在流佈與直接閱讀方面有著事實的困難，故而祇能間接引用。

②此處採用亞里斯多德「詩學」的看法：亞氏爲悲劇下定義時強調：「時而引起哀憐恐懼之情緒，從而使這種情緒得到發散」，見姚一葦譯註「詩學箋註」台北中華書局，民國五十五年頁六十七。

③有關曹寅的藏書著作，可參看趙岡「紅樓夢的寫作與曹家的文學傳統」的資料，蒐於其著紅樓夢論集，台北志文出版社，民國六四年。

④有關清宮奏摺的史料，可參見趙岡，陳鍾毅著「紅樓夢的素材」，蒐於二人合著「紅樓夢研究新編」，台北聯經出版，民國六四年。

⑤近年來曹雪芹的佚著和傳記材料陸續有所發現，包括曹雪芹的佚著「廢藝齋集稿」，現存曹雪芹、董邦達和敦敏三種材料的原文及校補；曹著董序和敦記考略，吳恩裕已有專文「曹雪芹的佚著和傳記材料的發現」討論，載「文物」，一九七三年二期。趙岡，陳鍾毅引用吳文於其作「曹雪芹的家世與生平」，亦蒐於「紅樓夢研究新編」。

⑥見南海「一部人像畫廊作品的再評價——訪王文興先生談紅樓夢」，蒐於「紅樓夢研究集」，台北幼獅出版民國六一年。

⑦一般版本皆作「藥」官，此處採俞平伯的說法，以爲「藥」係菂→葯→藥，誤抄訛轉所致。而「菂」本爲蓮子、與「藕」並稱，正合曹氏命名的慣例，故採其說，見 氏讀紅樓夢隨筆，第二十四條，蒐於新亞書院中文系紅樓研究小組，「紅樓夢研究專刊」第三輯，香港，一九六八、頁七九。

⑧見潘夏（潘重規）「民族血淚鑄成的紅樓夢」一文，原載反攻三十七，三十八期；蒐於樂蘅軍主編「中國古典文學論文精選叢刊」小說類（三十八年至五十二年），台北幼獅出版，民國六九年。

⑨劇目所源出的劇本，以「傳奇彙考」、「曲目新編」、「醉怡情」、「綴白裘」與「曲海總目提要」等爲根據，並斟酌紅樓夢成書的乾隆爲時間考慮。

⑩湯顯祖的道家思想，直接承受祖父懋昭，間接受之於紫柏老人。紅樓夢所用的道家故實，較佛典爲多，如甄士隱學道，妙玉是女道士，賈府打醮在清虛觀，寶玉，巧姐皆有寄名符。而「絳珠仙子」「神瑛侍者」亦是出於道家典故，「絳珠仙子」或源自曹寅之詩句「承恩賜出絳宮珠」。這些似乎都可以看出曹氏家族與道教信仰的關係匪淺。

第六章　活色生香

——紅樓夢的伶人羣像

一、雨打梨花深閉門

——梨香院的女伶世界

三月天，桃花已辭枝，紅雨正繽紛着；而大觀園竟異乎尋常，是一片罕有的清寂。原來，寶玉和姊妹們到東府向賈敬請安去了。黛玉一人悶悶，祇好悵悵然走回瀟湘館。幾乎有些難堪呢，不是嚒？這樣寂寞的春晨！就在這個當兒，有笛與歌的清韻，從那邊牆角院落，排闥穿牆而來。聽在耳裡，則分明是牡丹亭裡杜麗娘的傷春——原來是姹紫嫣紅開遍，似這般，都付與斷井頹垣……黛玉荏弱的心靈哪裡禁得住這美麗與哀愁的往復撩撥呢？她不覺心痛神馳，而淚水就一逕落了下來。

這笛與歌畢竟來自何方？牆角的背面又隱匿怎樣的一個院落呢？彼時大觀園落成不久，整個賈府還浸潤在元春才選鳳藻宮的恩寵與喜悅之中，而寶玉和衆姊妹們又在他們的淨土樂園裡，優游水綠一般的年光，當眞是一片的姹紫嫣紅開遍呢！黛玉的落淚無非是緣自特殊的敏感憂鬱的氣質，身世之歎，以及曲文本身的動人力量。然而循着紅樓夢福禍相倚的伏筆慣例，這少女的羣唱毋寧是命運的哀歌，低廻着無逃於「付與斷井頹垣」的冥冥悲哀，倒像是對三春爛漫的光景，或者說，極盛的貴族之家做輕輕的嘲諷呢！其實歌者是無心的，聽者也無意於這般家族滄桑的聯想，無人能解這哀歌的讖語性質，也無人會採信日後的傾頹。像警幻仙子對寶玉演習的仙曲，又像秦可卿臨去前對鳳姐夢中的贈別，都是一再重覆同樣的預言。而戲文、仙曲、贈言雖隱隱洩露了天機，但其原委則殊難爲人理解。言者諄諄，聽者藐藐；似乎先知的寂寞是無可推諉的。倒是年輕的女子一再成爲命運的未卜先知者，讓人想起希臘神話裡的少女凱桑嘉（Cassandra），她被賦予洞燭先機的異能，却又被詛咒永遠不被取信的厄運，她一再大聲疾呼，最後還是死在特洛烽火的血污罪孽之中。

警幻、可卿原是仙界中人，（可卿在寶玉夢裡係警幻之妹），她們自有先見的神明。但是人間院落的結廬者竟也可能勘透命運的莫測，人世的遷移？她們祇是在渾然間宣稱了悲呪，她們是誰？

(1)緣　起

爲了迎迓元妃省親，賈府除了興建大觀園而外，還特別請賈薔到蘇州採辦女伶，聘請教習、以及行頭等有關事宜，這十二位女伶被安置在梨香院裡，由家裡的年長婦人照顧管理。至於日月出入銀錢，大小所需的物料賬目，就是賈薔的職權了。

十二女伶及其本角分別是：文官（小生），齡官（小旦），芳官（正旦），蕊官（小旦），藕官（小旦），葯官（小旦），寶官（小生），玉官（正旦），葵官（大花面），荳官（小花面），艾官（老外），茄官（老旦）。大致而言，她們也是出自良家，祇因家中無能，所以才被賣習戲，其中不乏父母雙亡的孤女。

所住的梨香院，原是當初榮國公暮年養靜所在，小巧齊全，有別門通街。後來薛家母女來奔，就先住在這兒。爾後，大觀園修竣，薛姨媽另行喬遷，寶釵也搬進蘅蕪院。於是這一片梨香的院落就純屬女性伶人的天地了。

從十二優伶與梨香院的命名來看，這其中顯然可見戲劇發展的傳統、伶人藝名爲某「官」，原是江南旦角稱謂的習慣。（見華胥大夫撰金臺殘淚記卷三）①說到梨香院，自然可溯自盛唐，玄宗當年曾分置教坊於西都長安蓬萊宮的禁苑，以及東都洛陽太常寺內，這就是梨園的發軔了②。一如紅樓夢習用的寫作技巧，居處的命名往往隱喻其主人的生命情調、人品風格。梨香院除了來自梨園的戲劇典故外，這「香」字多少表明作者對伶人藝術人格的一種肯定與揄揚。還有，她們來自蘇州的靈山秀水，不是和飄零異鄉，絕頂慧黠的黛玉正有着鄉親的繫聯嗎？固然水鄉的蘇州在中國戲劇的發展，也確曾是哺育伶人的家園；但置于紅樓夢的文學脈絡中，多少又隱喻其爲冰雪聰明、佳人孤女的鄉園了。

在梨香院的小世界中，人際的關係自另有一番秩序與律法，作者屢屢藉着這秩序的建立與崩壞，讓讀者開始深入伶人內心的阡陌，去體會那裡面的青葱繁華，或荒蕪衰颯。我們一方面從其中認識了她們精神的風貌，一方面也瞭解這些伶人也確實在寶玉心路的歷程裡，曾經或多或少給予他啓示與反省的作用。作者對十二伶人的着墨自然有輕重濃淡的區別，最爲重要的是齡官、芳官；藕官、蕊官次之；而她們正可以表現出伶人不同尋常的三種人際關係。

⑵為了藝術為了愛

—齡官「藝」與「情」的執着

從形象出發，「眉蹙春山，眼顰秋水，面薄腰細，嫋嫋婷婷，大有黛玉之態」的齡官，繼承了作者捏塑悲劇女性的模胚。大觀園裡三位悲劇意味濃郁且類似的女性——小姐身份的黛玉，丫嬛的晴雯與伶人的齡官，至少在外形上都是以黛玉為因襲的模式。其次，她們體質的荏弱也相類似，都是肺病的感染者，黛玉和齡官都有「咯血」的症狀，「咯血」除了具症候的寫實意義外，也是「嘔心瀝血」「心力交瘁」，全然付出的驚心象徵，像作繭自縛的春蠶，不眠不休地自胸中吐絲，必至死而後已，齡官就是恒以鮮血釀蜜、以冰雪的聰明鑄鍊最火熾的戀情。

這種一往情深，死而後已的執着可以從她對戲劇以及她對愛情的追求看出。顯然她是十二女伶中舞臺成就最高的一位。元春省親時看戲，就特別欣賞齡官的演技，命太監傳諭：「齡官極好，再做二齣，不拘哪兩齣就是了。」（十八回）以後，寶玉也曾心儀齡官的才藝，蓄意造訪梨香院，就為一聆她的清音。對於自己的藝術成就，齡官充滿了自許與驕矜。讓我們再度複習才女自憐自賞的孤高況味，髣髴看見黛玉務必在詩作上的爭勝好強，也似乎一睹晴雯巧奪天工的針黹女紅。而齡官的自許尤為強烈，不惜以職業的尊嚴向權貴的元妃、或賈府的寵兒寶玉，做正面的抗拒。當元妃傳諭她再做二齣，賈薔命她做「游園」、「驚夢」兩齣，但齡官自以此二齣非本角之戲，執意不從，定要做「相約」「相罵」。而賈薔居然扭她不過，最後衹有依了她。

「游園」「驚夢」素爲戲曲的雋品，繁富典麗的情境正合御前的演出。「相約」「相罵」出於釵釧記（明月榭主人撰），充滿小丫嬛與老夫人針鋒相對的挑釁與譏諷，顯然不及前者來得莊雅恰適。但齡官居然無睹於元妃的權勢，更不理會愛人賈薔的曉喻，固執地非「相約」「相罵」不可，這又意味着什麼呢？

齡官原學小旦，「相約」「相罵」正是小旦的「應工」戲，重表做；「游園」「驚夢」則是重唱工的正旦戲，兩者的表演方式不相同，齡官以「非本角之戲，執意不做」，自然「言之成理，持之有故」，這顯示她敬業的固執，對自己舞臺藝術的優越感。除了出於職業本身的因素外，更強烈道出她內在抗衡不妥協的吶喊。她不遷就環境，更不肯妥協於權勢。我們幾乎可以說，她是蓄意藉戲裡丫嬛來撻伐尊長權貴，這樣強烈的不滿，尖銳的抗議，一再反映出她內心的隔絕與不平之感，齡官倚仗「主管」賈薔對她的寵愛，又暗示了他們之間的痴戀，同時刻劃她恃才傲物，倚能壓衆的驕態。

御前獻演，尚可自定劇目，齡官自然也可以「嗓子啞了」，來拒絕寶玉的請求演唱。她藝術優越感所表現的反抗性堅強如是，其個性人格可知；因而她的情愛生活也就像炎炎的五月，在寂寂日午的亮麗艷陽後，又時時隱藏雷雨的消息。

齡官的情訊正是在一個五月的靜靜日午，開始展露出端倪，從「椿齡畫薔痴及局外」（三十回）到

「識分定情悟梨香院」（三十六回）的發展，作者完全是藉由寶玉善感的目光而覺察的，這毋寧是一種「戲中戲，天外天」的表現手法，特別疊盪「平蕪盡處是春山，行人更在春山外」曲折多層的情境。

我們熟稔舞臺上被喝采被激賞的齡官，也領教她倚能壓衆的驕態，却怎麼也料想不到當引渡到四無人語，必須臨流自鑑的孤絕環境時，那時節沒有了掌聲，沒有了讚美，也沒有爭強好勝，當這一切的虛榮都被剝去時，所裎裸的又是怎樣一份少女的情懷呢？

炎陽高懸，羣樹投下濃密的陰影，知了嘶喊着，却是一種出奇寧靜的感覺。寶玉聽到薔薇花下有哽咽的聲音，不免好奇起來，果然發覺花下有人。他隔着藥欄望去，祇見一個女孩正用着簪子摳土，一邊還悄悄地落淚，摳土是黛玉葬花的動作，寶玉遂以爲她也是來葬花的，「不但不爲新奇，而且更是可厭」，但這容顏酷似黛玉却又那樣陌生的女孩，「雖然用金簪畫地，並不是掘土埋花，竟是向土上畫字」，寶玉幾經描摹，才得知是「薔」。在「赤日當天，樹陰匝地，滿耳蟬鳴，靜無人語」的薔薇架下，「薔」字的描摹應是一種卽興的詩意，但是「畫完一個『薔』又畫一個『薔』，已經畫了有幾十個」時，就不得不令人充滿另一種懷疑與感動的情緒。那女孩原生得那樣清俊，身子又十分單薄，一定有說不出的心事，心裡哪裡還擱的住煎熬呢？

原來心高氣盛的齡官也這樣爲苦情所煎熬着。祇是，彼時寶玉渾然無解那陌生女孩畢竟爲着怎樣的心事所苦。一場夏雨截斷了寶玉的觀望與疑竇。然後在一次梨香院的造訪中，他才體會出齡官的畫薔深意，寶玉慕名而來，齡官獨自躺在枕上，竟然「動也不動」，見他坐下卽「抬起身來躲避」，並且還正色說道：「嗓子啞了，前兒娘娘傳我們去，我還沒唱呢。」寶玉這才認淸當日畫薔的那位。齡官的倔強。反抗性一如前述，就在此刻，賈薔來了，提着鳥籠，上面扎着小戲臺並一個雀兒，興興頭頭來找齡官、他拿穀子哄的「那個雀兒果然在那戲臺上啣着鬼臉和旗幟亂串」，「衆女孩都笑了，獨齡官冷笑兩聲，賭氣仍睡着去了。」不僅如此，還當着其他女伶，着着實實奚落了賈薔，「你們家把好好的人兒弄了來，關在這牢坑裡學這個還不算，你這回又弄了個雀兒來，也幹這個浪事；你分明弄了來形容打趣我們，還問我好不好！」賈薔急壞了，連忙賭神起誓，說他絕無此念，卽刻便把那雀兒放了，籠子拆了，但齡官的不滿已像開口的閘水，仍然浩浩奔騰而來——「那雀兒雖不如人，他也有個老雀兒在窩裡，你拿了來弄這勞什子也忍得。」接着她又說起她咯血的病情，務必以最最尖刻的激楚語深深刺傷賈薔——「太太打發人來找你，叫你請大夫細問，你且弄這個來取笑兒！偏是我這沒人管沒人理的又偏愛害病！」一頓搶白逼急了賈薔，卽刻就要去請大夫替她看病。她又厲聲叫住賈薔——「站住，這會子大毒日頭地下，你賭氣去請了來，我也不瞧！」賈薔去也不是，不去也不是，最後衹有站住。

紅樓夢中整個有關齡官的特寫，就幾乎完全着重於「畫薔」和「鬪雀兒」的這兩個情節，其他像御前自定劇目已如前述。這三段的筆墨非常簡省，還不滿三千字，然而一個女伶眞實而完整的藝術人格却藉以深摯而成熟起來。首先，齡官不僅稟賦特優，才藝最高，她的自覺性與敏感度也顯然大大超越了其他的女伶，在她的精神領域裡，藝與情是兩個神聖而發亮的夢境，她也始終堅持這兩者的完整性。關於前者，她屢屢抗拒權勢的干擾，並不容其中有任何的不完美，自許自尊的深重可想而知了，然而這種藝術的完整却被她個人的矛盾所分裂了。一方面她是那樣強硬地捍衞它，一方面她又有着職業上最深沉最悲哀的自卑。祇是一個雀兒籠子罷了，別的女伶看着雀兒啣旗亂串都笑了起來，獨獨祇有齡官會敏感自身職業的羞辱，她口口聲聲把戲劇的表演稱做「這浪事」「這勞什子」，把貴族豪門的賈府喚爲「牢坑」，在她辛辣誇張的言語背後流露千年以來伶人的悲哀，她那樣淸楚地意識到她們不過是有錢有閒階級裡，鬪花賞鳥一般的玩物罷了，她憤慨於無力掙脫這牢籠，並思及「哀哀父母，生我劬勞」，然生而不能養，養而不能敎，以致飄零異鄉，親情的落空，藝術的不被尊重，這些都是她心底無限的痛楚，不能痊癒的傷痕，隨時隨地有發作的可能。她祇不過是及笄的少女，不曾深受敎育、哲學的薰陶，自然無法培養出「人不知而不慍」的涵養，至於光風霽月的哲人達觀更是談不上，如此，她祇有自苦，擺盪於兩極之中。身爲傑出的伶人，她不可能不深愛她的舞臺藝術，但敏感如她，又不可能無睹於現實裡的不尊重。年輕的她，一無聖哲修身蔽護的她，必是時時深受這樣撕裂破碎的苦楚。她該如何來呵護自己所受的傷害呢？作者就以她特殊的口角鋒芒，她的頑強抗逆來表現一個伶人內心的不平與矛盾。其實別的女伶也可能有着同樣的悲哀，但她們的表現毋寧是比較溫和的。像看着雀兒還能笑得出，不是他們遲鈍痲木，就是出於世故，不忍也不願給總管賈薔難堪。而齡官則不然了，她連這稍稍的妥協都堅持拒絕了。

至於愛呢？梨香院是一個沒有倫理親情、沒有血緣繫聯的世界，精神的寄寓除却舞臺的演藝外，大約就是同儕間彼此的交往，而作者却在「沒人管沒人理的又偏愛害病」的齡官身上，寫出女伶與異性之間的一段畸戀。首先齡官與賈薔之間就存着階級的鴻溝，後者的身份已經顯示出這段情愛的無望。本來賈薔的造型無非是膏粱子弟的頑劣不堪，但愛情提昇了他，至少在齡官面前，他幾乎像愛情的聖徒那般光輝，對於齡官種種的奚落能夠百般求全，且處處充滿憐惜與鼓舞之情，心心念念都以齡官爲重，全然罔顧寶玉，也不理會禮數與世故，也可見其用情之深了。齡官不是不知，如果她無知，也就不會獨自一個人在薔薇花架下畫薔，畫了一個又一個，在全神的思念中，夏天日午的炎陽，突然興起的陣雨，這種種外在的變化都無法稍稍警醒她一味的陷溺煎熬。也就是在這樣獨處的當兒，我們逐漸瞭然於她的苦心孤詣。在她拿腔作勢、轄衆恃能、畢露鋒芒的深處，是怎樣的寂寞無助。霎那之間，她荏弱的形象，讓旁觀的寶玉也情不自禁，竟然興起「可恨我不能替你分些過來！」的情緒。如此看來，賈薔的愛情竟然是如此沉重的擔荷，眞是一段無望的苦情了。

也就因着齡官這種特殊的情性，她對於自己深愛的賈薔所表現的態度，幾乎是與溫室的花朶、風平浪靜中的戀愛女人相反的行逕，沒有必順必敬的謙恭溫柔，也沒有似水的柔情，明明是眞心愛賈薔，不願意他在大毒日頭地下奔走，却以疾言厲色的——「站住，這會子大毒日頭地下，你賭氣去請了來，我也不瞧。」來表現她內心深處、一份最最眞摯的關愛與疼惜。自始至終她的語氣尖刻辛辣，幾乎從不曾好好地說一句話，至於她不惜作踐自己的身子，也作踐深情所繫的對象，這種「心是口非」的表達，則完全是林黛玉的模式了。

齡官的才藝，齡官的愛情並沒有成爲心靈的橋樑，讓她跨出封鎖的自我，與外面的廣天濶地溝通，也好得到天光雲影的消息。在舞臺上的她必是渾然而忘我的，但她從不期許以這樣的演藝來讓人分享內心小小的喜樂或哀愁，她毋寧是不斷地砌石築牆，一道華美的牆，或者擋架了世俗的鄙夷，但也無形隔絕了眞誠的賞愛，（像元妃，像寶玉）而賈薔的愛情，徒然給她更多的焦慮與不安。基本上這是來自心理的匱乏感，唯恐喪失，剝奪的得失心情。這種心理的困境導致她的愛情也進入一個沒有出路的胡同裡。所以我們看到的是齡官對賈薔的挑剔、磨難。眞正創造性的愛原是在給予的行爲中，體認到自身的力量、豐饒、能力，也就是這種充盈高漲的生命力和能力使愛者充滿喜悅。因爲體驗到自己在滿溢，分施，生氣勃勃，因之愛者也是歡樂的。但對齡官而言，她本身是殘缺的，自然無法得到愛的喜悅。從這方面來看，她和黛玉的患得患失至爲相似，當然作者塑造齡官，還是要展現一個伶人的愛情世界。這份愛情之所以如此，更和齡官本人職業的困境息息相關，也就是齡官的隔絕（segregation）③心理，自負與自卑的不能均衡，作者毋寧是以「戲劇化」來表現這樣的意念，所謂的「戲劇化」也就是藉「科」「白」——動作與語言；齡官的行爲語言，無不在宣告她的抗拒，或是獨自倚枕，動也不動；或是抬起身來躲避；或是冷笑賭氣睡去；至於她語氣的尖刻銳利已有她獨特的風格，自是毋庸贅言的。

齡官對藝對情的執着，尤其是後者，曾經大大振撼了寶玉，而且對寶玉產生了「情悟」的啓示。初次的旁觀，使他識得齡官忘情在內心的世界，連夏日的暴雨在她髮上滴下水來都不知曉。寶玉禁不住叫道：「不用寫了，你看身上都濕了！」女孩聽了也回報提醒寶玉：「難道姐姐（她誤以被花叢遮着半邊臉的寶玉是女孩）在外頭有什麼遮雨的？」寶玉方才知道自己也渾身透濕。在這兒，我們已經看出寶玉特殊的人格情境，一種近乎惘物忘身的大悲懷。後來，寶玉更進一步在梨香院裡親眼目睹齡薔間苦苦的愛戀，當下卽如電閃雷殛，不覺痴了，這才領會畫薔深意，再也站不住，便抽身回屋去了。他想到前晚才和襲人訴說的心願，竟也是虛妄難求——「昨夜說你們的眼淚單葬我，這就錯了，看來我竟不能全得！從此後，祇好各人得各人的眼淚罷了！」於是寶玉從此才「深悟人生情緣各有分定」，並每每暗自神傷，不知將來葬我灑淚者爲誰。

儼然基督、釋迦的情懷，寶玉原本是有着甘心擔荷苦痛的熱情，寶玉最後走出悲喜愛惡的情關，走出稚子嬌妻的倫常，走出金枷玉鎖，走出功名利祿，實在是曾經以生命性情投入在這樣的熔爐中，然後才悟出生活本質乃欲望的一點眞理，他的勘悟存於自己身受與自我覺知，也就是「存於覺自己之苦痛」的解脫，這是他不同於其他遁世者如紫鵑、惜春、芳官者流。表面上，他似是齡薔事件的旁觀者。那麼這一次的情悟是否是「存於觀他人之苦痛」④的正果呢？其實在這樣一椿重大的事件中，寶玉已經不單純是旁觀者，而是一個情感的負荷人。起初，他會因同情齡官的煎熬而忘懷自己的煎熬，所以在滂沱的雨中竟可以渾然不覺。而齡官的本身也確實激起寶玉浪漫的情愫，一種對一切美麗事物，所孳生憐惜嚮慕近而愛之親之的心態。寶玉如果沒有這種微妙甚至不經自覺的情感潛藏於心，他也不會深覺挫傷疼痛。寶玉並非一般狂徒的自作多情，也並非得盡天下之美的輕妄。因而齡官無視寶玉的存在，而苦戀狂愛賈薔的事實，就使寶玉痛苦得大徹大悟。而也正因着此，却促成寶玉的靈魂能從欲望的重負之下，逐漸割捨、減輕負荷，而最後獲得靈魂的自由和精神內視上清新明朗的氣象。

撇開伶人的愛情不談，作者的一大用意已可見於前面的述說，也就是透過賈寶玉這樣一次始於浪漫的感情經驗，而過渡到哲理的啓悟，也許是因爲啓悟的作用已經達到，也許是齡薔之間毫無結局的可能，也許是因爲紅樓夢本身寫作的問題，總之，齡官和賈薔的苦戀痴愛畢竟要怎樣地結束呢？在紅樓夢裡我們再也無從獲悉他們的消息。後來這十二位女伶，因爲宮中老太妃逝世，凡有爵位之家，一年內不得筵宴音樂，由是遂難逃免遺發的命運，齡官不在園中使喚之別。是不是她又回到南邊的家鄉蘇州呢？在大多數戀恩不捨，情願留下以供使喚的狀況下，齡官再次沒有隨波從衆，寧可等候回家，果眞是急於逃離這「牢坑」一般的賈府嗎？難道賈薔的深情也無法給她一點慰安與潤澤嗎？而賈薔呢？自那以後，他髣髴匿跡不見了。其實這些好像都無關閎旨了，因爲齡官已然迸放最爲璀璨與炙熱的火花——在舞臺的藝術上，也在梨香院的愛情裡，縱然是彈指之間，就沒入黑暗與寂寂之中，但也因這瞬間的輝煌，開啓了寶玉的心智，成全他的大徹大悟。在芸芸的衆生世界裡，小小女伶的齡官也就具有無限深長的意義了。

⑶兒戲人間

——芳官童稚的報復

倫理秩序的樹立，大致不離名正、言順而後知所措的律則，在具有血緣繫屬的世界裡，畢竟出於骨肉脉連的天性，倒也有順理成章的可能，但在梨香院的優伶小世界中，年輕的女伶和她們乾娘之間先天上就沒有這種隸屬，要求兩者的和諧自然有其基本上的困難，其實在宗法封建的制度下，法統正朔往往超越其他，也不必非賴以血親上的長幼，就像探春始終不能敬孝於親生的趙姨娘，而情願效忠於王夫人一樣，在這兒自顯示出尊卑嫡庶的涇渭分明。而梨香院的乾娘呢？她們在賈府井然有序的奴婢世界裡，並無地位可言，其實賈府何嘗不是受制於皇室，說是簪纓世冑的奴僕也未嘗不可，就在這種層層負責的人事裡，我們看見賴大總管擺酒聽戲的排場，看見周瑞家的賣頭弄臉，看見鴛鴦儼然盟主的凜然，也看見小紅如何力爭上游、百般攀爬。而奴婢形象中最最不堪的就是青春已逝的老婆子們，這其中自然有着賈寶玉對老醜枯朽的排斥，連奶娘李嬤嬤，也難逃這種貶抑的命運，遑論藉藉無名的乾娘？

其實這些老婦當年也從事演習，應該具有特殊的靈慧才情，而歲月悠悠，似乎洗盡了這一切美好的質地。學戲的女孩攀附不上其他較爲體面的僕婦，在別無選擇的窘迫下，也祇好以她們充數。如果循着悲憫互諒的途徑，同是天涯淪落人，或可發展爲「枯魚之肆，相濡以沫」的相需相求、共生共死。但事實呢？這兩者之間毫無感情可言，僅僅出於職務的權威，甚至人性的貪婪，那麼又如何去期許融融洽洽的一團和氣呢？

於是作者極意經營芳官，透過她鮮活的形象，讓我們一窺一片乾枯無愛的人際關係。

與齡官相較，芳官更顯出一份淋漓酣暢的童稚氣息，在外形上，齡官的面薄腰纖，眉蹙春山固然與黛玉相仿，就是她們千廻百轉、口非心是的萬斛柔情亦屬雷同，而芳官呢？面如滿月猶白，眼似秋水還淸，和寶玉在一塊兒「倒像一對雙生的弟兄。」這在風格上就有異於齡官了。她毋寧是奔放的，是豪邁的，是直抒胸臆，豁露天眞，肝膽相照的，但她不同於烈士懷抱着什麼理想；她可能更接近稚子，挾初生之犢的無畏，一種無可理喩的孩氣，大刀濶斧地揮舞着，瞬間就對乾娘之間的尷尬做一了斷，而從洗髮的爭執始，由是牽連出大觀園內一系列老與少、長與幼的干戈戰火。

戲班遣散後，芳官被派至怡紅院中。因爲乾娘命她用自己親生女兒賸下的殘水洗髮，遂撩起芳官心中的舊恨新怨——「把你女兒的剩水給我洗，我一個月的月錢都是你拿着，沾我的光不算，反倒給我剩東剩西的！」（五十八回）如此頂撞，就形成一場唇槍舌劍，相互刺傷。她乾娘遂囘罵不識抬舉，戲子難纏，年紀輕輕就挑么挑六、鹹嘴淡舌。襲人晴雯雖在一旁斡旋，却反而助長戰火。剋扣月錢的陰私一旦被揭發，這在臉面上委實難堪，於是索性動起手脚，拍打起芳官。芳官本是一團孩氣，越發哭將起來，而這邊婆子還理直氣壯地宣稱，「『一日叫娘，終身是母』他排揎我，我就打得！」（六十回）

她們之間的牴牾，也可以說以後接踵而來一系列老少長幼之間的爭鬭，可能都緣起於物質世界的分配問題，這其中當然也有權力的介入。在老的這一邊，青春、容顏、無邊綺麗的夢境都已經遠離她們而去，長年生活的磨難，讓她們深知歲月的艱辛，也就產生惜物之心。然而因爲心態的不能平衡，這種惜物之心漸被導致囤積的習氣，更因着恐懼匱乏的久久籠罩，遂成爲一味的貪婪，而被剝削的一是自己的骨血，另外就是職權上的幼輩。像春燕所說：「別人不知道，只說我媽和姨媽，他老姐兒兩個，如今越老了，越把錢看的眞了。先是老姐兒兩個在家，抱怨沒個差使進益；幸虧有了這園子，把我挑進來，可巧把我派到怡紅院。家裡省了我一個人的費用不算外，每月還有四五百錢的餘剩，這也還不轂？後來老姐兒兩個都派到梨香院去照顧他們，藕官認了我姨媽，芳官認了我媽，這幾年着實寬綽了。如今挪進來，也算撂開手了，還祇無厭。你說可笑不可笑？」（五十九回）這些都該是實情，春燕口口聲聲的「老姐兒兩個」，語氣裡沒有絲毫的尊重愛敬之情，哪裡像是敍述自己的生身娘親呢？金錢的掠奪，一點一點剝蝕了母女間的關愛，一種愛的凌遲吧！親生的母女尙且如此，更哪堪毫不沾親帶故的乾娘呢！

其實乾娘的節用殘水，春燕的姨媽阻止藕官園內燒紙，姑媽不准鶯兒等摘花折柳，也是愛物惜物，更可說是克盡職守，因之也就格外來得理直氣壯。

在年輕的那一邊呢？月錢被剋扣了還得處處受管制，怎能忍得下這一口氣？一方面出於任性，一方面她們全都具有作踐物質的揮霍習氣。像蕊官、鶯兒在爛漫的春色裡，一逕順着柳隄，折着柳條編織柳藍，又隨意攀折鮮花嫩柳，看在老一輩的眼裡，眞是十分疼惜。因爲人多嘴雜，前後委屈寃處尙未廓清，於是一番嗔鶯叱燕的戰火興起——「小娼婦！你能上了幾年臺盤，你也跟着那起輕薄浪小婦學！怎麼就管不得你們了？乾的我管不得！你是我自己生出來的，難道也不敢管你不成？……」怨毒

顯然還是起自芳官。鶯兒賭氣將花柳擲於河中，祇疼得老婦喃喃唸佛——「促狹的小蹄子！糟塌了花兒，雷也要劈的！」（五十九回）

從洗髮折柳的爭執，又引起茉莉粉薔薇硝的事件，於是牽髮動局，連賈環趙姨娘也捲入其中——「趙姨娘也不答話，走上來，便將粉照芳官臉上摔下來，手指着芳官，罵道：『小娼婦養的！你是我們家銀子錢買了來學戲的，不過娼婦粉頭之流！我家下三等奴才也比你高貴些……』」（六十回）這樣刻薄惡毒的羞辱，重點還是在於芳官是粉頭戲子。以後芳官向柳嬸要寶玉的素菜，芳官可以把新鮮的熱糕甩到夏婆的外孫女兒小蟬臉上——「『誰稀罕喫你那糕！這個不是糕不成？我不過說着頑罷了；你給我磕頭，我還不喫呢！』說着，就把手內的糕掰了一塊，扔着逗雀兒頑，口內笑說道：『柳嬸子，你別心疼。我回來買二斤給你。』小蟬氣的怔怔的，瞅着說道：『雷公老爺也有眼睛，怎麼不打這作孽的人！』……」

生活裡充滿這樣紛紜而瑣屑的難堪，其實不過爲水、爲花、爲柳、爲粉、爲糕，這區區的零雜小物，和齡官爲藝爲情的反抗氣質相較，芳官的世界裡就顯出俗情和物質的營營擾擾，齡官不惜以一己的微小和整個俗世的觀念敵對，她這種螳臂當車的頑強，多少具有成人的理想色彩。而芳官，結羣納衆，運用團體的行動來對抗老婦，整個的過程都流露頑童般濃郁顯豁的報復意念，而偏偏她的敵對又是愚夯昏瞶的老婦，也無怪在明慧的探春冷眼旁觀下，會做這樣持平的結論——「『那些小丫頭子們原是頑意兒。喜歡呢，和他頑頑笑笑；不喜歡，可以不理他就是了，他不好了，如同貓兒狗兒抓咬了一下子，可恕就恕；不恕時，也只該叫管家媳婦們，說給他去責罰，何苦不自尊重，大吆小喝，也失了體統……』一席話，說得趙姨娘閉口無言。」（六十回）

在這樣一場混亂的頑童巷戰中，人際關係毋寧是可哀而可笑的，因爲沒有了摯愛，老一輩唯有利用職權做無饜的物質剝削，也因爲祇有怨尤，小一輩的唯有以作踐物質來渲洩地久天長的積憤。齡官爲了藝術爲了愛，這兩個她一往情深的夢境，却表現出負面的激越酸楚。而芳官呢？爲了俗物爲了報復，這兩種完全不可愛者，也表現一樣負面的言行——譏刺與糟塌。如此看來，眞誠的愛情也好，僞裝的母女也好，在伶人的世界裡，祇可能通向一個沒有出路的死巷呢！

藝術與愛曾經輝煌了齡官，也曾啓示了寶玉，而芳官呢？作者固然藉着她批判了梨園的乾娘制度，但也藉着她，再度說明寶玉和異性間無邪的純情，也就是在這一層的人際關係中，芳官像一朵盛放的花朵，展露出她生命裏最最濃郁的芳華。

寶玉爲想從芳官口中探詢藕官燒紙的原因，因爲襲人等在旁不便開口，使個眼色給芳官。芳官便裝肚疼，不吃飯了。她原本伶俐，「又學了幾年戲，何事不知。」這份伶俐與機智，使她很快地在怡紅院中博取了寶玉的寵愛，襲人、晴雯、麝月的友情。衆女孩呵護簇擁着她，也多半是出於她特殊的稚嫩孩氣——一頭烏油油的頭髮披在腦後，哭的淚人一般。

她倚仗寶玉而瞧不起賈環，又集體對抗趙姨娘，並爲炫耀自己而想把柳五兒引入怡紅院中，在寶玉的生辰宴中，她的光輝到了極點，又歌又唱，又是酒香又是笑語，最後由襲人扶着在寶玉之側由她睡了，——「芳官聽了，瞧了瞧，方知是和寶玉同榻，忙羞的笑着下地，說：『我怎麼……』却說不出下半句來。寶玉笑道：『我竟也不知道了；若知道，給你臉上抹些墨！』……」（六十三回）異性之間能純粹至此，也確乎難能可貴了。完全是青梅竹馬的無猜與童貞。紅樓夢曾以如此寶貴的篇幅賜給了黛玉，讓她與寶玉並肩躺在床上說話兒；也曾賜給了晴雯，在她的驚人的美艷與放恣背後，實際還潛藏一片原始的純眞，雖然心比天高却身爲下賤，難逃被逐出大觀園的悲慘命運，而死況又是那樣的不堪，却還是堅持了質本潔來還潔去的淸白，作者也把這種寶貴的異性關係給了芳官，然而芳官的命運一如晴雯，在衞道者王夫人親查大觀園時也被放逐了，「『唱戲的女孩，自然更是狐狸精了。上次放你們，你們又不願去，可就安份守己才是。你就成精鼓搗起來，調唆寶玉，無所不爲。』芳官笑辯道：『並不敢調唆什麼』。王夫人笑道：『你還強嘴，連你乾娘都壓倒了，豈止別人！』……」（七十七回）

寶玉是深解芳官的，他自然也淸楚襲人在整個抄檢事件中扮演怎樣一名諜報販子的角色，所以他會笑着對襲人說：「你是頭一個出了名的至善至賢的人，她倆個（指麝月秋紋）又是你陶冶教育的，焉得有什麼該罰之處？只是芳官尚小，過於伶俐，未免倚強壓倒了人，惹人厭』」。芳官遭到放逐後，「尋死覓活，只要剪了髮做尼姑去」。恰好彼時水月庵和地藏庵的尼姑，想「拐」兩個孩子去做活使喚，「從此芳官跟了水月庵的智通，蕊官、藕官二人跟了地藏庵的圓信，各自出家去了。」

芳官的遁世自然不是哲學上深思熟慮的抉擇，也不是勘透世情幻滅後的覺悟，那祇是別無選擇的選擇。她逃避到青燈古案的歲月裏，固然可以免除許多的迫害，但是青春盛放的芳香，不免枯槁憔悴，這似是無可避免的吧！

⑷假鳳與虛凰

——藕官、葯官、蕊官的同性之戀

齡官與賈薔是女伶與貴族跨越階級的愛戀，芳官與乾娘是沒有眞情的僞裝母女，這裏顯示出梨香院裏的兩種人際關係——和異性的愛情，以及和長者的類似師徒或母女的關係，而十二伶人彼此之間又是怎樣的情形呢？是手足之愛？還是朋友之情？

是杏子結實的季節，病後的寶玉預備去瀟湘館探視黛玉；從沁芳橋的河隄踱步而來，正胡想着邢岫煙已擇夫婿，以後終不免如杏樹般綠葉成蔭，結子滿枝，然後烏髮如銀，紅顏似縞，於是發了𢿑性，着實傷感起來，就在此刻，突然有火光從山石邊發出，把鳥都驚飛了，然後寶玉看見藕官滿面淚痕，蹲在那裏，正在焚燒紙錢，而管理她的婆子正在一旁叱罵着，基於同情與好奇，寶玉自然替藕官解圍，甘心將燒紙的責任由自己來擔荷，這才把婆子趕去，待寶玉細細詢問時，藕官仍是流淚不已，鬚鬚有無限的隱衷——「『我這事，除了你屋裏的芳官和寶姑娘的蕊官，並沒有第三個人知道，今日忽被你撞見，這意思，少不得也告訴了你，祇不許再對一人言講。』又哭道：『我也不便和你面說！你只回去，背人悄悄問芳官就知道了！』」（五十八回）

這焚燒紙錢的謎底最後是由芳官揭曉，原來藕官祭的是死去的菂官，在寶玉直覺上這無非朋友的情誼，哪裏知道這中間還有那樣迂廻不正常的感情呢？——「那裏又是什麼朋友呢？那都是傻想頭！他是小生，菂官是小旦。往常時，他們扮作兩口兒，每日唱戲的時候，都裝着那麼親熱，一來二去，兩個人就裝糊塗了，倒像眞的一樣兒。後來兩個竟是你疼我，我愛你。菂官兒一死，他就哭得死去活來的，到如今不忘，所以每節燒紙。後來補了蕊官，我們見他也是那樣，就問他：『爲什麼得了新的就把舊的忘了！』他說：『不是忘了；比如人家男人死了女人，也有再娶的；只是不把死的丟過不提就是有情分了』。你說他是傻不是呢？」（五十八回）

紅樓夢裏原不乏同性相吸的蛛絲馬跡，像寶玉對於秦鐘、蔣玉函，又像薛蟠初晤柳湘蓮，前者其實還是可以視爲寶玉對於一切美麗的人或物不由自主的賞愛憐惜；至於後者，那多半是來自流行於紈袴子弟圈中的男風習氣。在程度與性質上和藕官的情形是有着極大的不同，顯然藕官與菂官、蕊官之間是嚴肅而眞誠的。本來，在一個純屬女性的天地中，尤其是正值青春年少的時節，當滿腹情懷沒有適當的異性可以投注時，自然容易演成同性的愛戀，特別是她們之間，在舞台戲劇的扮演時，本就是夫妻情人的角色，日久天長下來，眞實與戲劇的人生竟然無法截然劃分，也就祇有弄假成眞起來，然則何者爲眞，又何與爲假呢？這兒其實再度重複紅樓夢作者屢屢想要傳達的訊息，眞、假、有、無，以及人生價值的取向——假做眞時眞亦假，無爲有處有還無，似乎旁觀客體的標準是不足爲憑的，最後祇有訴諸個人自身的主觀，那是來自備嘗各種艱辛，自我最最眞摯嚴肅的體驗後所修的正果，所以甄士隱可以在紛至沓來的厄運後，悟出功名金銀姣妻兒孫的枷鎖，情願隨着道人飄然遠去，所以賈寶玉畢竟不致成爲甄寶玉，在功名利祿中安身立命；却終於剃度爲僧，在一片白茫茫的雪地裏，對着人世的父親，遙遙一拜，再回到所來處的渺渺大荒。在世俗的眼光裏，這種抉擇毋寧是虛無的，而錦衣玉食，姣妻稚子的歡愉或者更眞實可以把捉些，但這也純粹是主觀的事，旁人幾乎不能讚一詞。而在藕官的舞台生涯裏，作者再度提出了這樣的質詢，究竟舞台與人生，在哪一種情境下才是眞實的呢？當你以心靈與誠實在舞台上履踐某種信念時，那一霎那或者就是生命裏最爲眞實的一刻。這種體察也是其來有自，我們可以兩則事做爲注脚：

其一：穆相孫之爲伶也，家人強歸襲伯爵，不可。或怪之，相孫曰：「吾以一身備帝王將相，威重一時，此何爲者？」或曰：「子之帝王將相，乃僞耳！」孫笑曰：「天下事，何者爲眞哉？」客大慚而退，（見張次溪伶苑）

其二：吳江周某，喜唱崑曲，日與優伶相狎，遂習串戲。父惡其淪於下賤，屢加杖責，嚴禁而終不悛。人問其串戲有何樂？周曰：「吾儕小人，終不能紆青紫，若串戲時，時爲卿相，時爲帝王，旗旄前導，從卒擁後。人以爲戲，我以爲眞，其樂何可支也？」（見陸長春：香飲樓賓談卷二）

在伶人的眼中，置身戲台時或者才是讓他們眞正感受人生的時刻吧！當然藕官焚紙故事的並不直接指向「人生如戲」或是「戲如人生」的探討，它所裎裸的是一份女伶間不爲名教所容的同性愛戀。在寶玉或薛蟠的個案中，不免攙有一些狎暱的色彩，尤其後者更屬輕狂，然而透過芳官的敍述，女伶間的同性愛戀却沒有任何不潔的聯想，那是因爲當事人的的確確懷着無限的虔敬，而藕官、葯官、蕊官又是那樣年輕；她們的心靈仍是未經異性探索的處女地。像旁觀孩童扮家家酒一般，我們不免啞然於他們的煞有介事、一本正經，但又不能不凜然於他們的眞誠履踐，對於藕官，亦復如此，尤其是回想她在火光裏淚流滿面的傷痛，就不能不被這份至情深深感動了。再想想紅樓夢裏其他的男子如賈璉、賈珍、賈赦等等，他們的淫虐跋扈，視女人爲玩物的兩性關係，反而玷辱了愛情，竟然如同糞壤一般呢！

藕官的情懷當然也感動了寶玉——「寶玉聽了這獃話，獨合了他的獃性，不覺又喜又悲，又講奇道絕，拉着芳官囑咐道：『既如此說，我有一句話囑咐你，須得告訴他。以後斷不可燒紙，逢時按節，只備一爐香，一心虔誠，就感應了……。』」（五十八回）

寶玉的眞情能夠揣度這番痴理，想來也是極其自然的事，這是因爲寶玉素來就具有設身處地與物類化的極大同情之故。整個的事件在紅夢夢的寫作上也是居於「伏筆」的意義。因爲藕官奠祭葯官，却又同時能移愛給蕊官，這三者的關係恰恰就伏下日後黛死寶娶的發展，在紅樓夢寫作的問題沒有徹底廓清前，我們無法斷言和寶玉結褵者爲誰，但是寶黛二人的不能「執子之手，與子偕老」則是無庸置疑的。藕官並不曾因葯官的死而殉情，反而又對遞補的蕊官孳生同樣的情愫，但她也沒有忘懷逝者，這三者之間並沒有衝突，而對生者、死者的感情也不致形成自我的分裂，這毋寧是相當「寶玉」的模式了，因之寶玉也不曾爲黛玉殉情，而他與寶釵之間又有着夫妻之情，但是黛玉自始至終不曾消聲匿跡，不獨對黛玉，對死去的金釧、晴雯，寶玉總是不忘焚香敬禱，雖是幽明永隔，而在心誠意敬中，往日的情懷又重新鮮活起來。

以社會考察的觀點來看梨香院，我們確實可以意識到女伶自絕於人的隔絕心理，同時也看到愛情的磨難，乾娘制度的弊害，同性之間的畸戀。但畢篇出於文學的創作，社會的現象開始呈現了人性的深度，以及動人且啓智的怡悅與教誨的作用。如此，架香院的歌聲舞影，衆芳羣艶才不致單純成爲一片風景而已，它實是具有生命的汁液，鮮活的鼻息與脈博，紮根於寶玉心田的沃壤裏，成爲改造他生命的一部份，當它這樣開啓並引領寶玉時，它也同樣作用到我們讀者的自身呵！

二、堪羨優伶有福

——王府戲班的琪官兒（蔣玉函）

琪官兒，本名蔣玉函，來自忠順王府的戲班，是出名的小旦。在一次馮紫英品酒聽曲的聚會裏，寶玉和他相會。

當時在座的還有薛蟠以及錦香院的妓女雲兒等人，大夥兒飲酒歌唱吟詩，好不快活，輪到蔣玉函時，他說道：

女兒悲，丈夫一去不回歸。女兒愁，無錢去打桂花油。女兒喜，燈花並頭結雙蕊。女兒樂。夫唱婦隨眞和合。並且唱道：

喜你天生成百媚姣，恰便似活神仙離碧霄。年正小，配鸞鳳，眞也巧。呀！看天河正高，聽譙樓鼓敲，剔銀燈同入鴛幃悄。

按着規矩，唱完後須飲酒並吟詩，蔣玉函於是取出一朶木樨花來，念道：「花氣襲人知晝暖」（二十八回）

梨香院的衆女伶是在一片隔離的天地裏自歌自舞，她們的終局也是通向沒有出路的死巷。那麼，做爲一個伶人，她的一生畢竟是可哀可憫的，其因固然來自環境，可能更爲重要的是她們本人的性格所致，像齡官和芳官，幾乎充滿了自我毀滅的因子，齡官是作踐自己的血肉之軀，而芳官則是作踐無辜的物質，最後導致自我的毀滅，也似是咎由自取了，但是同樣是伶人，紅樓夢又爲我們展現完全不同的另一種生命的情調，那就是蔣玉函、要看蔣玉函就不能撇開襲人。雖然蔣玉函直到最終才娶了襲人，在這之前，他一直不曾具體和襲人有着任何的交往，然而就像定婚店裏月下老人的繩索，他們早已被婚姻繫連，任憑怎樣的企圖，也無法擺脫冥冥的命定。

就以第一次的酒筵爲例吧！蔣玉函純粹是巧合，不期然背誦他所知有限的「花氣襲人知晝暖」，恰恰就唸出了襲人命名的典故，襲人姓花，原喚做蕊珠，是寶玉替她更名的襲人的，而寶玉與襲人之間，也確乎存着非同尋常的關係。寶玉始終是襲人所倚望終身的對象，她棄父母所賜之名不用，而採納了寶玉的命名，寶玉對她而言也確實如同再造生命的創始者了，不僅是這詩，回首檢點蔣玉函的說唱，更雋雋句句是緊扣襲人而寫的。在紅樓夢的寫作裏，隱喻是時時襲用的技巧，命名如是，居處如是，詩詞、戲曲、謎語、花籤更是有着類似的作用，作者的公式大致是——風格卽人格，人格卽命運的邏輯。而蔣玉函說唱的風格，從一開始就流露了旖旎婉媚的歡愉氣息，滿溢男歡女愛的和諧，這和當時在座其他的人如賈寶玉、馮紫英、雲兒、薛蟠的曲文就迥然相異。至於其中的內容正像是他和襲人之間的寫照，尤其是「眞也巧」，特別道出這姻緣中屢屢出現的巧合。

蔣玉函因爲無心說出寶玉的「寶貝（薛蟠語）」，不免借着獨處的時機，和寶玉致歉。寶玉見他嫵媚溫柔，心中十分留戀，便緊緊的攥着他的手，後來獲知他便是名伶琪官時，更不免相見恨晚起來，立卽解下一個玉玦扇墜贈給他，蔣玉函則以貼身簇新的茜香羅汗巾還贈寶玉，並且要求以此交換寶玉的。可巧的是寶玉那天所繫正是襲人的，所以表面上似乎是兩位男子所交換信物，而實際上寶玉已經隱隱做了牽線的紅娘，將相距天涯海角之遠的人綰繫在一塊兒了。

後來蔣玉函從忠順王府的戲班子裏逃出，玉府派人到賈府詢問寶玉，也是因此（以及金釧兒投井）寶玉慘遭賈政的鞭笞，原來蔣玉函在東郊紫壇堡置買房舍了。從他逃離而被追索甚急的事件中，我們得知琪官不僅以才藝著稱，而他的爲人也是「隨機應答，謹愼老實」，而深得主人之心。

以後有關他的訊息是他在舞台的優秀演出——「果然蔣玉函扮了秦小官伏侍花魁醉後神情，把那一種憐香惜玉的意思做得極情盡致；以後對飲對唱，纏綿繾綣。寶玉這時不看花魁，只把兩隻眼睛獨射在秦小官身上。更加蔣玉函聲音響亮，口齒淸楚，按腔落板。寶玉的神魂都唱的飄蕩了，直到這齣

戲煞場後，更知蔣玉函是情種，非尋常脚色可比……」（九十三回）

這一段出神入化的演出，仍然可以做爲預告他和襲人姻緣的注脚。「占『花』魁」的意義無異於「『花』氣『襲人』知晝暖」，都是一再觸及生命裏那隱密的另一半。這次的演出是在臨安伯的家宴中，睽違已久的蔣玉函仍是「面如傅粉，唇若塗硃；鮮潤如出水芙蓉，飄揚似臨風玉樹」，但他已經晉陞爲掌班——「他向來是唱小旦的；如今不肯唱小旦，年紀也大了，就在府裏掌班。頭裏也改過小生，他也攢了好幾個錢，家裏已經有兩三個舖子；只是不肯放下本業，原領舊班。」（九十三回）

戲劇的生涯對蔣玉函來說並不像梨香院的女伶，固然也可能滿佈蒺藜頑石，坎坷而難行；但却不致成爲孤絕現實人世的牆垣，蔣玉函所代表的毋寧是一個成功的伶人所可能擁有最完滿的結局。紅樓夢裏除了刻劃他外型上的嫵媚風流，在演藝上的出神入化，更加提示我們他求田問舍，置屋購產的經濟才略，這一份洞悉現實，盱衡全局的冷靜理智，正是梨香院女伶所欠缺的。而這種種就使得蔣玉函毋寧是偏向喜劇氣質的人物，或者說是一名注定可以享受人間諸般福份的成功典型，他，花襲人，以及他在戲台上所扮演的秦重，這三人在本質上都可以劃歸在這個類別中；如是，當我們將彼等與梨香院的女伶相提時，不免就產生出對照的趣味來。他們都具有較比珠圓玉潤的風格，因爲圓熟之故，行爲處世就具有可以變通的彈性，像襲人可以心存殉情之念，却因考慮是否死得其所而一再遷延，居然也就苟活下來了，而占花魁的秦重可以百般忍讓，委屈求全，絕不至因爲花魁的鄙夷，而絕裾離去。蔣玉函呢？行年漸長，不再適合小旦的戲份時，就可以改爲小生，繼續在舞台上放光。相形之下，齡官芳官絕對不至於有這樣中庸之道的妥協性，極端與絕對的就是她倆的特性。另一方面，蔣玉函可以權衡大局，而非求一己的率性，這自然是入世的氣質了，這也使得他更像政治型或是商賈型的藝術家，而不是一個孤芳自賞的藝術家。還有就是他們都具有將危機轉換爲生機的喜劇特色，像襲人可以藉着贖身回家的一次事件，強邀寶玉，甚至要給她終身名分保障。蔣玉函逃離戲班，置產東郊，似乎並未造成他個人的災厄，反而在主人追索中益形自己的得寵信任。終於還是遂了自己的心願，但是却禍及寶玉，使得寶玉身心俱受嚴父的鞭打傷害。

蔣玉函出於他個人理性的瞻顧謹愼，固然使他在現世中可以擁有相當的一席之地，另外他來自第三者的相助，也更如虎添翼，而寶玉大約就是那位相助的貴人，在姻緣路上，始終穿針引線，成全了他與襲人的「眞也巧」的鸞鳳配。

當寶玉出家的噩耗傳至賈府時，襲人「心裏一疼，頭上一暈，便栽倒了」。她的心疼難忍固然是舊時情懷不能自已，但另一層原因則是「模糊聽見說，寶玉若不回來，便要打發屋裏的人都出去，一急，越發不好了。」（一百廿回）襲人毋寧是爲着自身將來的處境焦慮着：若是死守，但名份未定，不免惹人笑話，若是出去，一思及寶玉情份，實在不忍，這才興起「不如死了乾淨」之念。因爲有了這樣瞻前顧後，現實利害的計較，襲人的死念就遠遠不及鴛鴦尤三來得剛烈純粹。然而這樣的想法與做法倒也一貫是襲人的作風。以前我們就知他幾易其主，賈母、湘雲、寶玉，一旦侍奉倒也死心塌地，一旦更易又可從新開始，忘却前塵，這種收放自如，卷藏用行的隨機應變，眞可謂「情之時者」，當然襲人是有她個人的自尊與信念，或者她少了一份玉碎的剛烈，而屢屢折向現實的求全，不免讓人想起長樂老馮道，以後者的厚顏無恥來與襲人並論確乎羞辱了襲人，然而兩者的彈性哲學，可能就是可以長享人世安樂的訣竅了。

在襲人痛厥暈倒之際，恍惚看見和尚模樣的寶玉，手裏拿着一本册子揭着看，還說道：「你不是我的人！日後自然有人家兒的！」這秘密的册子自然是指寶玉夢遊太虛幻境所見金陵諸女的命運典册，我們依稀記取有關襲人的是：鮮花破席的圖繪以及其傍的解說：「枉自溫柔和順，空云似桂如蘭，堪羨優伶有福，誰知公子無緣。」

對襲人而言，多年來想要終身仰望寶玉的夢畢竟還是落空了，她的溫柔和順，似桂如蘭，對無緣的怡紅公子祇有徒然使人覺得虛妄荒謬罷了。但是襲人畢竟是襲人，當「絕對」不能獲取時，其他「相對」的也還有「退而求其次」的可能。因此之故，她並沒一死了之，也沒有走向遁世的虛無裏，相反的，在家人的安排下，她一步一步走向早已前定的人世姻緣裏，雖然花燭之夜也是「哭着，不肯俯就的」，這情形一如醉後的花魁完全無睹秦重的久盼，竟然兀自睡去，而蔣玉函「却極柔情曲意的承順」，也正是秦重的表現。這一份溫柔體貼，以及大紅松綠的汗巾子的兩相映照，不得不使人歎息敬服，而實現當年蔣玉函所唱「燈花並頭結雙蕊，夫唱婦隨眞和合」的歡喜姻緣。

身爲伶人，蔣玉函值嫵媚清揚的青春年華，可以享極舞台的盛名，一旦年長，又可成爲掌班，也兼及舞台的演出，更擁有田產店面與姣妻，確實是最有福份的優伶了，這樣說來，環境並非具有完全役人的力量，所謂的風格卽人格，人格卽命運，在瞬息變化的世間，蔣玉函有效地發揮他陰柔溫存的特性，長袖善舞地周旋於世態炎涼、覆雨翻雲之間；耕耘收穫之際，果能「求仁得仁」取得安定與富足。相形之下，齡官芳官諸人既無繞指柔，也無鑑時察世之明，就憑着一己的任性與率眞，明明是自掘墳墓，自絕於人，之所以無免「雨打梨花深閉門」的磨難與荒絕，大約也是想當然爾的結局了。

三、風月與空門之間

——客串性質的柳湘蓮

齡官琪官兒諸人，對於舞台演藝雖然懷抱無限的熱情，而且也確實被賦與如此的才華，但是自幼便寄身梨園，這其中多少有着身不由己、無所逃遁的被迫意味。專業伶人的社會地位既是如此低落，那麼就斷乎不可能爲良家淸族子女之所抉擇取向了，除非不以此爲業，不賴以餬口，一方面可以滿足自身演藝的欲望，發揮戲劇的才情，一方面又可以不受制於衣食溫飽的枷鎖；若是如此，也唯取非專業伶人的客串一途了，而柳湘蓮的個案就適足以爲其典範。

柳湘蓮原屬世家子弟，與寶玉秦鍾有着極爲深厚的友情（湘蓮極可能就是孩提時代淘氣鬧學的香憐）他父母早喪，自己也無心皓首窮經，託身功名。他毋寧更像宦門子弟錯立身的延壽馬（見永樂大典戲文一萬三千九百九十二），具有慷慨豪邁的情性，雅好扑刀桿棒，笙歌妙舞，呼蘆喝雉，幾乎是聲色犬馬的紈袴行逕，在這其中，他又頂頂喜愛串戲，而且每扮演生旦的風月戲文，也無怪薛蟠會誤以他爲「風月子弟」了。

畢竟不是專業的伶人，可以不被戲班牽絆，事實上，柳湘蓮一直被刻劃爲萍跡浪踪，來去無期的形象，無父無母，自然不必昏定晨省，雖然身無分文，倒也並不熱衷賺取。從這一方面看，他比賈寶玉的束縛要輕省得多，對於故舊，他也始終眷眷不忘，所以時時去秦鍾墳上，爲死去的摯友修整清理墓園，有了這些事蹟，我們對他就生出別樣的期許，認爲他絕非薛蟠賈蓉之流，而他本人也確實是自視甚高，一般對他的批評，像賈璉吧，就說他冷面冷心，差不多的人，他都無情無義，祇有寶玉例外，從這兒我們不難看出他難免孤高自賞，唯我獨清，對於周遭人或物，事或情，可以置之度外，至多盡其本份，却斷無投身的情熱，也無怪他可以撫劍行游，逍遙走天下了。

而戲劇呢？雖然那樣熱衷，却並沒有終身專業的企圖，然而紅樓夢裏與他息息相關的兩段情節，却都是因他的戲劇表演而起，像他痛毆薛蟠，就是因爲薛蟠以爲他是風月子弟，便心存狎侮，而生「男色」的風流戀慕。薛蟠情不自禁的無禮糾纏，大大激怒了柳湘蓮，柳湘蓮的處置是不動聲色，步步爲營引誘薛蟠入彀，然後不僅止於痛打，而且着實羞辱了薛蟠，逼得薛蟠連聲道歉：「好老爺！饒了我這沒有眼睛的瞎子罷！從今以後，我敬你怕你了！」這還不罷休，非得命他喝污水不說，還要把嘔吐的穢物再喫完它。薛蟠祇有叩頭求饒，而柳湘蓮祇說了「這麼氣息，倒熏壞了我！」（四十七回）一句話，便抛下薛蟠自行去了。

這樣的痛懲倒也大快人心；尤其是薛蟠素來被誇張的醜態，不免孳生一種鬧劇的喜感，而柳湘蓮性情裏不容絲毫塵埃污染的排斥性也可見一斑了，同時也讓人意識到他的報復是相當忍心絕情的。

不過他和薛蟠並非因此結仇，反倒因爲另一次拔刀相助，薛蟠感激不盡，竟然結成了兄弟，和薛蟠化敵爲友的事件，如果與日後尤三姐因湘蓮悔婚而自殺一事，兩相貫連起來，那麼我們就不免覷出他性格裏輕率薄淺的缺陷出來，他能斷却不是出乎愼謀，出爾與反爾之間沒有沉潛的涵泳，也因此斷送了尤三姐，造成極爲慘烈的情殉。

尤三姐之所以會指定柳湘蓮爲「非君不嫁」的對象，就是因爲緣起五年前家中賀母壽，柳湘蓮正好以小生串戲，自此以後，尤三就死心塌地對湘蓮寄託付之情，尤三姐原是一個「斬釘截鐵」的人。當尤二姐與賈璉要把她打發了嫁出去，她認爲「終身大事，一生一死，非同兒戲」，遂對賈璉說：「『若有了姓柳的來，我便嫁他。從今兒起，我喫常齋念佛，伏侍母親，等來了嫁了他去。若一百年不來，我自己修行去了。』說着，將頭上一根玉簪拔下來，磕作兩段，說：『一句不眞，就合這簪子一樣！』」（六十六回）尤三姐雖然懷抱着這樣決絕的情感，然而意志並沒有克服命運。而我們也萬萬不曾逆料，像寶玉那樣不曾稍存害人之心的純善之人，竟也在無心的批評裏，扼殺了尤三姐這樣純情剛烈的女子，當然我們很難完全歸咎於寶玉，究竟還是柳湘蓮的捕風捉影、過份自潔呢？還是尤三以志率情、終會折辱於無情的現實人生？這三者間輕重是非的判斷眞是難解的人生質疑呢。

總之，就是寶玉的「眞眞一對尤物！——他又姓尤」，立卽使得柳湘蓮跌足悔歎不已，在他「東府祇有兩對石獅乾淨」的絕對概念中，就是不能相信出水清蓮的神話，於是他索回了定禮的鴛鴦劍。而以尤三姐的情感方式，到此也祇有刎頸伏劍一途了，尤三姐的死完全是愛情的幻滅，意志的摧折！一種剛強的肅殺之氣，使得柳湘蓮不覺凜然肅敬，也不畏懼死者家人送官的可能，這回他是眞眞受了巨大的心靈震悼，也就甘心面對可能遭致的裁決，不像上回痛打薛蟠後是畏罪逃離。

當然無人要他負起刑責，就在殮屍收棺以後，隱隱一陣環佩之聲，他看見尤三姐手捧鴛册與鴛鴦之劍，向他哭別，「妾痴情待君五年，不期君果『冷心冷面』，妾以死報此痴情，妾今奉警幻仙姑之命，前往太虛幻境修注案中所有一干情鬼。妾不忍相別，故來一會，從此再不能相見矣！」

爾後，在覺醒與夢境之間，柳湘蓮來到一座破廟之前。一個瘸腿道士正在捕虱呢！當問及何許地方何許人也時，道士淡然一笑，「連我也不知此係何方，我係何人，不過暫來歇脚而已！」於是柳湘蓮在一陣冷然冰涼裏，掣出雄劍，將萬根煩惱絲一揮而盡，從此與那道人飄然遠去矣。

柳湘蓮的斬情悟道，都彰顯出一種迅雷不及掩耳的快速。從風月的戲文，乃至空門的解脫，也一如迅雷飆風，倏忽而至，又倏忽而出。也許是他過份自清自潔，也許眞是冷心冷面，他對紅塵俗世，煙火人間，甚至他所熱衷的舞台劇場，都無法深繫日久天長的情熱，他萍踪浪跡的習性，本難使他根深蒂固地定於一尊，而可悲的是既然生爲爲人，既然結廬人境，遂難免牽一髮動全局的息息相關，如此而傷害到無辜的第三者，實是讓人氣難平，但也在氣難平之際，更加思索起無端造化，荒唐人生的可笑可哀，面對柳湘蓮這樣冷心的浪子，人生宜於是舞台，且僅僅是客串性質的舞台，稍稍扮演一會兒的兒女風月，這也並無妨自己的冰清自潔，然後在衆人的驚駭錯愕下飄然遠去，畢竟風月的歡愛是不合一副冷面冷心的情腸，惟有空門才是寄身的所在呀！

註釋

①蒐於傳記文學出版社「清代燕都梨園史料」第一冊，（影印中華民國二十三年冬月北平邃雅齋書店排印本），但未注明在台出版日期），頁五二一。

②見唐書禮樂志、舊唐書音樂志。

③有關伶人身心所呈的隔離現象，請參見潘光文(旦)著「中國伶人血緣之研究」商務印書館人人文庫，民國六十年八月台二版，頁五。

④「存於覺自己之苦痛」以及「存於觀他人之苦痛」是王國維「紅樓夢評論」裡「紅樓夢之精神」的見解，蒐在「王國維先生三種」，國民出版社，民國五五年

引用及參考書目一覽

甲、史傳雜著部份（含其他古籍）

春秋穀梁傳范氏集解　晉・范甯集解　（四部備要）　台灣中華書局

春秋公羊傳何氏解詁　漢・何休解詁　（四部備要）　台灣中華書局

新校史記三家注一百三十卷　漢・司馬遷撰，宋・裴駰集解，唐・司馬貞索隱，唐・張守節正義　鼎文書局

新校三國志注　晉・陳壽撰，宋・裴松之注　鼎文書局

晉書斠注（吳興劉氏嘉業堂刊本）　成文出版社

南史　唐・李延壽撰（元大德刊本）　成文出版社

舊唐書　後晉・劉昫等撰　（南宋紹興刊本配明聞人詮重刊本）　成文出版社

新唐書　宋・歐陽修，宋祁撰　（北宋刊小字本）成文出版社

新五代史（附攷證）　宋・歐陽修撰　徐無黨注　（四部備要）　台灣中華書局

宋史（附攷證）　元・脫脫撰　（四部備要）　台灣中華書局

金史（附攷證）　元・脫脫撰　（四部備要）　台灣中華書局

淸代名臣奏議　不著撰人　（淸抄本）　廣文書局

大淸滿州實錄　華文書局

大淸聖祖仁（康熙）皇帝實錄　華文書局

大淸世宗憲（雍正）皇帝實錄　華文書局

樂府雜錄一卷校勘記一卷　唐・段安節撰　鼎文書局

酉陽雜俎續集　唐・段成式撰　筆記小說大觀九編第一册　新興書局

明皇雜錄　唐・鄭處晦撰　筆記小說大觀十六編第一册　新興書局

雲溪友議　唐・范攄撰　筆記小說大觀續編第一册　新興書局

新校敎坊記・新校北里志傳奇　唐・崔令欽撰　世界書局

河南邵氏聞見前錄　宋・邵伯溫撰　筆記二編第四十二册（精裝）
廣文書局
齊東野語　宋・周密撰　筆記續編第五十五册（精）
廣文書局
武林舊事　宋・周密撰　筆記小說大觀續編第四册
新興書局
碧鷄漫志五卷校勘記一卷　宋・王灼撰
鼎文書局
北夢瑣言　宋・孫光憲撰　筆記小說大觀三編第三册
新興書局
避暑錄話　宋・葉夢得撰　筆記小說大觀三編第三册
新興書局
夢粱錄　宋・吳自牧撰　筆記小說大觀正編第二册
新興書局
桯史　宋・岳珂撰　筆記小說大觀續編第四册　新興書局
隨隱漫錄　宋・陳世崇撰　筆記小說大觀正編第二册
新興書局

夷堅志丁集　宋・洪邁撰　筆記小說大觀八編第四冊　新興書局
澠水燕談錄　宋・王闢之撰　筆記小說大觀續編第三冊　新興書局
獨醒雜志　宋・曾敏行撰　筆記小說大觀正編第一冊　新興書局
貴耳集　宋・張端義撰　筆記叢編第三十四冊（精）　廣文書局
青樓集一卷校勘記一卷　元・夏庭芝撰　鼎文書局
錄鬼簿二卷校勘記一卷　元・鍾嗣成撰　鼎文書局
輟耕錄　明・陶宗儀撰　楊家駱編　世界書局
說郛　明・陶宗儀撰　校明抄本　新興書局
太和正音譜二卷校勘記一卷　明・朱權撰　鼎文書局
顧曲雜記一卷校勘記一卷　明・沈德符撰　鼎文書局
曲律四卷校勘記一卷　明・王驥德撰　鼎文書局
傳習錄　明・王守仁撰　葉鈞點註　台灣商務印書館

揚州畫舫錄　清・李斗撰　學海出版社

廣陽雜記　清・劉獻廷撰　筆記小說大觀續編第九册　新興書局

劇說六卷校勘記一卷　清・焦循撰　鼎文書局

花部農談一卷　清・焦循撰　鼎文書局

今樂攷證十二卷　清・姚燮撰　鼎文書局

板橋雜記　清・余懷撰　筆記小說大觀三編第十册　新興書局

在園雜志　清・劉廷璣著　文海出版社

清代燕都梨園史料　張次溪編撰　傳記文學出版社

古今圖書集成藝術典優伶部　鼎文書局

重訂曲海總目一卷　清・黃文暘撰　鼎文書局

也是園藏書古今雜劇目錄一卷　清・黃丕烈撰　鼎文書局

說文解字眞本　漢・許愼撰（四部備要經部）台灣中華書局

玉篇　梁・顧野王撰　（四部備要經部）　台灣中華書局

集韻　宋・丁度撰　（四部備要經部）　台灣中華書局

乙、文學作品部份

詩集傳二十卷　宋・朱熹集傳（宋刻本）　藝文印書館

楚辭補注十七卷　宋・洪興武注　藝文印書館

靖節先生集　晉・陶潛撰，清陶澍集注　戚煥塤校　華正書局

六朝詩集　廣文書局

杜詩鏡銓　清・楊倫編輯　台灣中華書局

白香山詩集　唐・白居易撰　新陸書局

唐詩初箋簡編　楊家駱編　宏業書局

南唐二主詞彙箋　唐圭璋編著　正中書局

陶庵夢憶　明・張岱撰　台灣開明書店

瑯嬛文集　明・張岱撰　淡江書局

吳梅村詩集箋注　清吳偉業撰，清・吳翌鳳箋注　河洛圖書出版社

梅村家藏藁　清・吳偉業撰（四部叢刊初編集部）　商務印書館

漁洋精華錄　清・王士禛撰　世界書局

牧齋初學集　清・錢謙益撰　（四部叢刊初編集部）　商務印書館
壯悔堂集　清・侯方域撰　（四部備要）　台灣中華書局
龔定盦全集　清・龔自珍撰　新文豐出版社

※　※　※

新校朝野新聲太平樂府　元・楊朝英編　世界書局
全元散曲　中華書局編輯部編輯　台灣中華書局
元明清曲選　錢南揚編註　正中書局
永樂大典戲文三種・附錄二種　長安出版社
元曲選外編　中華書局編輯部　台灣中華書局
全元雜劇初編八三種別錄卅二種　楊家駱編　世界書局
古雜劇二十種二十卷　明・王德驥輯　藝文印書館
盛明雜劇　文光出版社
六十種曲　明・毛晉編　台灣開明書店
琵琶記　元・高明撰　西南書局
牡丹亭　明・湯顯祖撰　西南書局

湯顯祖全集　明・湯顯祖撰　樂天出版社
長生殿　清・洪昇撰　西南書局
桃花扇註　清・孔尚任撰，梁啓超註　台灣中華書局

※　※　※

唐人小說　汪國垣編　遠東圖書公司
京本通俗小說　黎烈文標點　台灣商務印書館
清平山堂話本　明・洪楩編　世界書局
古今小說　明・馮夢龍編　李田意校　世界書局
今古奇觀　明・抱甕老人撰輯　世界書局
警世通言四十卷　明・馮夢龍編　鼎文書局
醒世恒言　明・馮夢龍編　世界書局
初刻拍案驚奇　明・凌濛初撰　世界書局
二刻拍案驚奇　明・凌濛初撰　世界書局
三國演義　元・羅貫中撰　毛宗崗批　饒彬校　三民書局
隋唐演義　元・羅貫中撰　清・褚人穫撰　世界書局
水滸全傳　元・施耐庵撰　環宇出版社

水滸後傳　明・陳忱撰　世界書局

金瓶梅詞話　明・蘭陵笑笑生撰　（日光山輪主寺慈眼堂藏本）日本大安一九六三版

校注聊齊誌異　清・蒲松齡撰　世界書局

三俠五義　清・石玉崐原撰　問竹主人改編　世界書局

七俠五義　清・石玉崐述　正中書局

小五義　清。石玉崐撰　大中國圖書公司

萬花樓　清・李雨堂撰　文化圖書公司

品花寶鑑　清・陳森撰　天一出版社

乾隆十九年甲戌脂硯齋重評石頭記鈔本　台北中央印製廠　民國五十年

台灣商務印書館　民國五十年

私立東海大學　民國五十年

台灣中華書局　民國五十一年

乾隆二十五年庚辰脂硯齋四閱評本石頭記殘鈔本台北文淵出版社　民國四十八年

台北聯亞出版社　民國六十五年

台北廣文書局　民國六十六年

國初鈔本原本紅樓夢（戚蓼生序鈔本石頭記，有正本，戚本，脂戚本）
台北學生書局　民國六十五年
台北廣文書局　民國六十六年
台北漢聲出版社　民國六十六年

乾隆抄本百廿回紅樓夢稿（蘭墅閱過）
台北聯經公司　民國六十八年

乾隆五十六年辛亥萃文書屋木活字排印新鐫全部繡像紅樓夢（程甲本）
台北廣文書局　民國六十六年
文聯出版社

乾隆五十七年壬子萃文書屋木活字排印新鐫全部繡像紅樓夢（程乙本）
台北遠東圖書出版公司　民國四十八年
台北啓明書局　民國五十年
台北青石山莊　民國五十年
台北青石山莊　民國五十一年
台北廣文書局　民國六十六年

校本紅樓夢（據⑴甲戌本⑵已卯本⑶庚辰本⑷甲辰本⑸鄭西諦殘抄本⑹程甲本⑺程乙本⑻國初鈔本，勘校集成。前八十回以戚本爲底本　以庚辰本爲主要校本；後四十回從程甲本）

新編石頭記脂硯齋評語輯校　陳慶浩輯校　台北聯經出版公司　民國六十八年

台北華正書局　民國六十八年

丙、論述批評部份（以今人著作爲主）

宋歌舞劇攷・元雜劇攷　劉宏度著，傅大興著　世界書局

元雜劇研究　吉川幸次郎著　鄭清茂譯　藝文印書館

元人雜劇序說　青木正兒著　隋樹森譯　長安出版社

現存元人雜劇本事攷　羅錦堂著　中國文化事業公司

明清傳奇導論　張敬著　更方書局

元明清戲曲史　陳萬鼐著　鼎文書局

元雜劇中的愛情與社會　張淑香著　長安出版社

南北戲曲源流攷　江俠庵著　商務印書館

明清戲曲史　盧前著　商務印書館

中國近世戲曲史　青木正兒著　王吉（古）魯譯　商務印書館

中國戲曲史　孟瑤著　傳記文學出版社

中國戲劇史　鄧綏寧著　國立藝專出版

中國劇場史　周（貽）白著　長安出版社
中國戲劇史　徐慕雲著　河洛圖書出版社
中國戲劇史研究　田士林著　芬芳寶島雜誌社
京劇二百年歷史　波多野乾一著（平劇史料叢刊第一輯）　傳記文學出版社
景午叢編　鄭騫著　台灣中華書局
錦堂論曲　羅錦堂著　聯經出版公司
說戲曲　曾永義著　聯經出版公司
中國古典戲劇論集　曾永義著　聯經出版公司
中國伶人之血緣研究　潘光文（旦）　商務印書館
戲劇縱橫談　俞大綱著　傳記文學出版社
戲劇論集　姚一葦著　台灣開明書店
世界戲劇藝術欣賞　布雷凱特著，胡耀恒譯　志文出版社
現代劇場藝術　賴特著，石光生譯　三越出版社
詩學箋注　姚一葦譯　台灣中華書局
"The Art of Playgoing" by John M. Brown, N.Y. W.H. Norton & Co. Inc. 1936
"The Anatomy of the Drana", by Alan Rynolds Thompson, Berkeley, Univ, of

California Press , 1946

※　※　※

中國文學發展史　中華書局編輯部　台灣中華書局
中國文學史初稿　王中林等編　石門圖書公司
中國文學史　葉慶炳著　自印本
中國文學史　胡雲翼著　華正書局
中國文學史　錢基博著　西南書局
詞曲史　王易著　廣文書局
中國詩史　明倫出版社
中國韻文史　龍沐勳著　樂天出版社
白話文學史　胡適之著　胡適紀念館
遼金元文學　蘇雪林著　商務印書館
明代文學　錢基博著　商務印書館
中國俗文學史　西諦原著　明倫出版社
中國文學研究新編　文基著　明倫出版社
王觀堂先生全集　王國維著　文華出版公司

王國維先生三種　王國維撰　國民出版社
中國小說史略　明倫出版社
中國小說史　范煙橋著　長安出版社
小說卮言　馮承基著　長安出版社
中國小說史　孟瑤著　傳記文學出版社
中國小說史　郭箴一著　商務印書館
中國小說發達史　譚正璧著　啓業書局
中國小說史料　孔另境編　商務印書館
小說詞語滙釋　中華書局編輯部　台灣中華書局
唐代傳奇研究　祝秀俠著　中央文物供應社
唐代小說研究　劉開榮著　商務印書館
唐人小說研究　王夢鷗著　藝文印書館
唐人小說研究第二集　王夢鷗著　藝文印書館
古典小說散論　樂蘅軍著　純文學出版社
中國古典小說論集　幼獅文化出版公司
中國古典文學論文精選叢刋小說類（三十八年至五十二年）　樂蘅軍主編　幼獅出版公司

水滸傳與中國社會　薩孟武著　三民書局
紅樓夢新解　潘重規著　文史哲出版社
紅樓夢新辨　潘重規著　文史哲出版社
紅學六十年　潘重規著　文史哲出版社
紅樓夢研究集　幼獅文化出版公司
紅樓夢研究彙編　吳宏一編　巨浪出版社
紅樓夢論集　趙岡撰　志文出版社
紅樓夢研究新編　趙岡・陳鍾毅著　聯經出版公司
紅樓一家言　高陽著　聯經出版公司
紅樓夢人物論　王太愚著　長安出版社
曹雪芹的一生　地平綫出版社
紅樓夢攷證　胡適等攷證　遠東圖書公司
境界的再生　柯慶明著　幼獅文化出版公司
境界的探求　柯慶明著　聯經出版公司
藝術論　托爾斯泰著，耿濟之譯　地平綫出版社

※　※　※

中國娼妓史話　王書奴著　大林書店
中國婦女生活史　陳東原著　商務印書館
中國婦女史論集　鮑家麟編著　牧童出版社
隋唐制度淵源略論　陳寅恪著　樂天出版社
中國攷試制度史　鄧嗣禹著　台灣學生書局
中國通史　林瑞翰著　三民書局
中國通史　羅香林撰　正中書局
元史研究論集　袁冀著　商務印書館
元代漢文化之活動　孫克寬著　台灣中華書局
清明上河圖　那志良著　國立故宮博物館
中國文化史導論　錢穆著　正中書局
中國文化史　梁啓超著　台灣中華書局
Chinese Characteristics by Arthur H. Smith　N.Y., The Caxton Press, 1894